Laughter and Sorrow

Nikolai Leskov

Смех и горе

Николай С. Лесков

Laughter and Sorrow

ISNB: 978-1-61895-265-3

Смех и горе

ISNB: 978-1-61895-265-3

СМЕХ И ГОРЕ

ГЛАВА ПЕРВАЯ

Свежий мартовский ветер гулко шумел деревьями большого Таврического сада в Петербурге и быстро гнал по погожему небу ярко-красные облака. На дворе было около восьми часов вечера; сумерки с каждой минутой надвигались всё гуще и гуще, и в небольшой гостиной опрятного домика, выходившего окнами к одной из оранжерей опустелого Таврического дворца[1], ярко засветилась белая фарфоровая лампа, разливавшая тихий и ровный свет по уютному покою. Это было в одном дружеском семействе, куда я, дядя мой Орест Маркович Ватажков и ещё двое наших общих знакомых только что вернулись с вербного базара, что стоит о Лазаревой субботе[2] у Гостиного двора. Мы все пришли сюда прямо с этого базара и разговорились о значении праздничных сюрпризов.

Семейный дом, в котором мы собрались, был из числа тех домов, где не спешат отставать от заветных обычаев. Здесь известные праздничные дни отличаются от простых дней года всеми мелочами, какими отличались эти дни у отцов и дедов. Тут непременно поздний обед при звезде накануне рождества; кутья по Предтече в крещенский сочельник; жаворонки детям марта, а воскресенье пред страстной неделей вербные подарки. Последние обыкновенно состояли из разных игрушек и сюрпризов, которые накануне с вечера закупались на вербном базаре у Гостиного двора и рано утром подвешивались на лентах подпологами детских кроваток. Каждый подарок украшался веткою вербы и крылатым херувимом… Дети были уверены, что вербные подарки им приносит сам этот вербный херувим или, как они его называли, «вербный купидон».

Об этих подарках и зашла теперь речь: все находили, что подарки — прекрасный обычай, который оставляет в детских умах самые теплые и поэтические воспоминания; но дядя мой, Орест Маркович Ватажков, человек необыкновенно выдержанный и благовоспитанный, вдруг горячо

---

[1] …опустелого Таврического дворца — в это время в Таврическом дворце был склад дворцовой мебели.
[2] Лазарева суббота — суббота перед вербным (шестым) воскресеньем великого поста.

1

запротиворечил и стал настаивать, что все сюрпризы вредны и не должны иметь места при воспитании нигде, а тем паче в России.

— Потому, — продолжал дядя, — что здесь и без того что ни шаг, то сюрприз, и притом самый скверный; так зачем же вводить детей в заблуждение и приучать их ждать от внезапности чего-нибудь приятного? Я допускаю в виде сюрприза только одно — сечь ребёнка. Все переглянулись; кое-кто улыбнулся.

— Это и понятно, что Оресту Марковичу неприятно говорить о детях и о детстве, — сказала хозяйка. — Старые холостяки не любят детей.

— Опять должен вам возражать, — отвечал дядя. — Хотя я уже и действительно в таких летах, что не могу обижаться именем старого холостяка, но тем не менее детей я люблю, а сюрпризы для них считаю вредными, потому что это вселяет в них ложные надежды и мечтания. Надо приготовлять детей к жизни сообразно ожидающим их условиям, а так как жизнь на Руси чаще всего самых лучших людей ни за что ни про что бьёт, то в виде сюрприза можно только разве бить и наилучших детей и то преимущественно в те дни, когда они заслуживают особой похвалы.

— Вы чудачествуете, Орест Маркович?

— Нимало: вербные купидоны для меня, как и для ваших детей, ещё не перешли в область прошедшего, и я говорю о них даже не без замирания сердца.

— Это шутка?

— Нисколько. Что за шутка серьёзными вещами,

— Так это история?

— Даже несколько историй, если вам угодно: лучше сказать, это такое же potpourri[3] из сюрпризов, как бывает potpourri из песен.

— И вы, может быть, будете так любезны, что расскажете нам кое-что из вашего potpourri?

— Охотно, — отвечал мой дядя, — тем более, что здесь и тепло, и светло, и приятно, и добрые снисходительные слушатели, а моё potpourri варьировано на интереснейшую тему.

— А именно?

— А именно вот на какую: все полагают, что на Руси жизнь скучна своим однообразием, и ездят отсюда за границу развлекаться, тогда как я утверждаю и буду иметь честь вам доказать, что жизнь нигде так не преизобилует самыми внезапнейшими разнообразиями, как в России. По крайней мере я уезжаю отсюда за границу именно для успокоения от калейдоскопической пестроты русской жизни и думаю, что я не единственный экземпляр в своём роде.

---

[3] Potpourri — франц

— Орест Маркович! Мы вас слушаем.

— Милостивые государи! Я повинуюсь и начинаю.

ГЛАВА ВТОРАЯ

Большинству здесь присутствующих обстоятельно известно, что я происхожу из довольно древнего русского дворянского рода. Я записан в шестую часть родословной книги своей губернии[4]; получил в наследство по разным прямым и боковым линиям около двух тысяч душ крестьян; учился когда-то и в России и за границей; служил неволею в военной службе; холост, корнет в отставке, имею преклонные лета, живу постоянно за границей и проедаю там мои выкупные свидетельства[5]; очень люблю Россию, когда её не вижу, и непомерно раздражаюсь против неё, когда живу в ней; а потому наезжаю в неё как можно реже, в экстренных случаях, подобных тому, от которого сегодня только освободился. Я рассказываю вам все очень подробно и не утаиваю никаких мелочей моего характера, эгоистического и мелкого, не делающего мне ни малейшей чести. Я знаю, что вы меня за это не почтите вашим особенным вниманием, но я уже, во-первых, стар, чтобы заискивать себе чьё-нибудь расположение лестью и притворством, а во-вторых, строгая истина совершенно необходима в моёи полуфантастическом рассказе для того, чтобы вы ни на минуту не заподозрили меня во лжи, преувеличениях и утайках.

В воспитании моем есть что-то необыкновенное. Я русский, но родился и вырос вне России. Должность родных лип, под которыми я впервые осмотрелся, исправляли для меня южные каштаны, я крещён в воде итальянской реки, и глаза мои увидали впервые солнце на итальянском небе. Родители мои постоянно жили в Италии. Отец мой не был изгнанник, но тем не менее север был для него вреден, и он предпочитал родине чужие края. Мать моя тосковала по России и научила меня любить ее и стремиться к ней. Когда мне минуло шесть лет, стремлению этому суждено было осуществиться: отец мой, катаясь на

---

[4] Шестая часть родословной книги — В родословные книги дворянских депутатских собраний вносились все дворяне данной губернии; в шестую часть входили дворянские роды, предки которых владели имением ранее 685 года.

[5] Выкупные свидетельства — процентные бумаги, выпущенные правительством в ходе крестьянской реформы 86 года в качестве платёжных документов, которые выдавались помещикам за отходившую к крестьянам землю.

лодке в Генуэзском заливе, опрокинулся и пошёл как ключ ко дну в море. После этой потери юг утратил для нас с матерью своё значение, и мы потянулись с нею на север. Мне о ту пору было всего восемь лет. Тогда и по Европе ещё сплошь ездили в дилижансах, а у нас плавали по грязи.

Я не помню уже, сколько дней мы ехали до Петербурга, сколько потом от Петербурга до Москвы и далее от Москвы до далёкого уездного города, вблизи которого, всего в семи верстах, жил мой дядя. Эта продолжительная и утомительная поездка, или, вернее сказать, это плавание в тарантасах по грязи, по тридцати вёрст в сутки на почтовых, останется вечно в моей памяти. Я как будто вчера ещё только отбыл эти муки, и у меня даже еще ноют при всяком движении хрящи и рёбра. Я поистине могу сравнивать это странствование с странствованиями Одиссея Лаэртида[6]. Приключения были чуть не на каждом шагу, и покойница матушка во всех этих приключениях играла роль доброго гения.

ГЛАВА ТРЕТЬЯ

Благие вмешательства моей матери в судьбы странников начались с первого же ночлега по петербургскому шоссе, которое существует и поднесь, но о котором все вы, нынешние легковесные путешественники, разумеется, не имеете никакого понятия. Железные дороги — большое препятствие к изучению России, я в этом положительно уверен; но это a propos[7] ... Как сейчас помню: тёплый осенний вечер; полоска слабого света чуть брезжится на западе, и на ней от времени до времени вырезываются силуэты ближайших деревьев: они все казались мне солдатиками, и я мысленно сравнивал их с огненными мужичками, которые пробегают по сгоревшей, но не истлевшей ещё бумаге, брошенной в печку. Я любил, бывало, засматриваться на такую бумагу, как засмотрелся, едучи, и на полосу заката, и вовсе не заметил, как она угасла и как пред остановившимся внезапно экипажем вытянулась чёрная полоса каких-то городулек, испещрённых огненными точками красного цвета, отражавшегося длинными и острыми стрелками на тёмных лужах шоссе, по которым порывистый ветер гнал бесконечную рябь. Это был придорожный посёлок, станция и ночлег. Борис Савельич, старый и

---

[6] Одиссей Лаэртид — герой поэмы Гомера «Одиссея», сын Лаэрта.
[7] A propos — франц. кстати.

4

высокий, с седым коком лакей, опытный путешественник, отряженный дядею в наши провожатые и высланный нам навстречу в Петербург для сопровождения нас в заветную глубь России, соскочил с козел и отправился на станцию. Я видел, как его грандиозная, внушающая фигура в беспредельной, подпоясанной ремнём волчьей шубе поднялась на крыльцо; видел, как в окне моталась тень его высокого кока и как потом он тотчас же вышел назад к экипажу, крикнул ямщику: «не смей отпрягать» и объявил матушке, что на почтовой станции остановиться ночевать невозможно, потому что там проезжие ремонтёры играют в карты и пьют вино; «а ночью, — добавлял наш провожатый, — хотя они и благородные, но у них наверное случится драка». Матушка страшно перепугалась этого доклада и тотчас же сдалась на предложение Бориса Савельича отъехать на постоялый двор к какому-то Петру Ивановичу Гусеву, который, по словам Бориса, был «отличнейший человек и имел у себя для проезжающих преотличные покои».

Двор этого отличнейшего человека был всего в двух шагах от станции, и не успел Борис скомандовать: «к Петру Ивановичу», как экипаж наш свернул с шоссе налево, прокатил по небольшому мостику через придорожную канаву и, проползя несколько шагов по жидкой грязи, застучал по бревенчатому помосту под темными сараями крытого двора. Посредине этого двора, под высокими стропилами, висел на перекинутой чрез блок верёвке большой фонарь, ничего не освещавший, но глядевший на всё, точно красный глаз кикиморы. В непроглядной тьме под сараями кое-где слышались человеческие голоса и то тихий стук конских зубов, жевавших овёс, то усталое лошадиное отпырхивание.

Матушка и моя старая няня, возвращавшаяся с нами из-за границы, высвободившись из-под вороха шуб и меховых одеял, укутывавших наши ноги от пронзительного ветра, шли в «упокой» пешком, а меня Борис Савельич нёс на руках, покинув предварительно свой кушак и шапку в тарантасе. Держась за воротник его волчьей шубы, я мечтал, что я сказочный царевич и еду на сказочном же сером волке.

«Упокоев», которыми соблазнил нас Борис, к нашим услугам, впрочем, не оказалось. Встретившая нас в верхних сенях баба, а затем и сам Пётр Иванович Гусев — атлетического роста мужчина с окладистою бородой — ласковым голосом и с честнейшим видом объявил нам, что в «упокоях» переделываются печи и ночевать там невозможно, но что в зале преотлично и чай кушать и опочивать можно на диванах.

— А барчуку, — добавил он, указывая на меня, — мы смостим два креслица и пуховичок подкинем.

Мать решила, что это прекрасно и, взяв с хозяина слово, что он в залу уже никого, кроме нас, не пустит, велела подать самовар. Последнее распоряжение матушки тотчас же вызвало со стороны Бориса осторожное, шёпотом выраженное замечание, что, мол, этак, не спросивши наперёд цены, на постоялом дворе ничего спрашивать невозможно.

— Хотя это точно, — говорил Борис, — что мы с вашим братцем всегда останавливаемся у Петра Ивановича, и он обижать нас по-настоящему не должен, ну а всё же правило того требует, чтобы спросить.

Борис Савельич был из числа тех крепостных людей, выросших в передней господского дома, для которых поездки, особенно дальние поездки в столицы, в Москву или Петербург, составляли высшее удовольствие. В этих поездках он мог щеголять своею опытностью, знанием света, тонким пониманием людей и вообще такими сведениями, каких при обыкновенном течении жизни ему показать было некому да которых от него в обыкновенное время никто и не спрашивал. Всё, что он ни делал в дороге, — всё это он делал как бы некое священнодействие, торжественно, величественно и притом с некоторым жреческим лукавством.

В большой комнате, которую мы для себя заняли, Борис Савельич тотчас же ориентировал нас к углу, где была тепло, даже жарко натопленная печка. Он усадил меня на лежанку, матушку на диван и беспрестанно прибегал и убегал с разными узлами, делая в это время отрывочные замечания то самому дворнику, то его кухарке, — замечания, состоявшие в том, что не вовремя они взялись переделывать печки в упокоях, что темно у них в сенях, что вообще он усматривает у них в хозяйстве большие нестроения.

Затем Борис убегал снова и снова возвращался с корзинками, в которых были припасенные в дорогу папушники[8] и пирожки. Все это было разложено на печке, на чистой бумаге, и Борис Савельич, разбирая эту провизию, внушал матушке, что все это надо кушать, а у дворника ничего не брать, потому-де, что у него всё очень дорого.

— Я про ужин для себя полюбопытствовал, — говорил Борис, — да полтину просит, так я ему в глаза и плюнул.

Матушку такая резкость смутила, и она поставила это Борису на вид; но тот только махнул рукой и отвечал, что с торговым человеком на Руси иначе обходиться невозможно.

— Их, матушка! — уверял он, — и поп, когда крестит, так в самое темя им три раза плюет.

Это меня очень заинтересовало, и я снова замечтался, как это производится указанная Борисом процедура, а между тем был подан самовар; я выпил одну чашку, почувствовал влечение ко сну и меня уложили на той же тёплой лежанке. Матушка расхаживала по комнате, чтобы размять ноги, а Борис с нянькою сели за чай; они пили очень долго

---

[8] Папушник — домашний пшеничный хлеб.

6

и в совершенном молчании. Я, потягиваясь на лежанке, всё наблюдал, как моя нянька краснела и, как мне казалось, распухала. Она мне тогда представлялась белой пиявкой, каких я, впрочем, никогда не видал; я думал: вот ещё, вот ещё раздуется моя няня и хлопнет. И точно, старуха покраснела, раздулась, расстегнула даже платок на груди и отпала. Но Борис Савельич упорно оставался один за столом. Он сидел прямо, как будто проглотил аршин, и наливал себе мерно стакан за стаканом с очевидным непреложным намерением выпить весь самовар до последней капли. Он не раздувался и не краснел, как няня, но у него зато со всяким хлебком престрашно выворачивались веки глаз и из седого его чуба вылетал и возносился лёгкий пар. Мне очень хотелось спать, но я не мог уснуть, потому что всё мною наблюдаемое чрезвычайно меня занимало. Это была она, моя заветная, моя долгожданная Россия, которую я жаждал видеть ежесекундно. Она была в этой бесприютной комнате, в этом пузатом самоваре, в этом дымящемся чубе Бориса...

Но наблюдениям моим готов был и иной материал.

Среди таких занятий нашей компании, о которых я рассказываю, под окнами послышался шум от подъехавшего экипажа и вслед за тем стук в ворота и говор. Няня взглянула в окно и сказала:

— Шестерная карета!

— Ну, как приехали, так и уедут, — отвечал ей Борис, — останавливаться негде.

Но в эту минуту на пороге явился умильный Пётр Иванович и с заискивающею, подобострастною улыбкою начал упрашивать мать во что бы то ни стало дозволить напиться чаю в нашей комнате проезжей генеральше. Борис Савельич окрысился было за это на дворника как пёс Дагобера, но, услышав со стороны матери предупредительное согласие, тотчас же присел и продолжал допивать свой чай и дымиться. Я имел чёрт знает какое возвышенное понятие о русских генералах, про которых няня мне говорила дива и чудеса, и потому я торжествовал, что увижу генеральшу.

ГЛАВА ЧЕТВЕРТАЯ

В комнату нашу вошла большая, полная, даже почти толстая дама с косым пробором и с мушкой на левой щеке. За ней четыре барышни в ватных шелковых капотах, за ними горничная девушка с красивым дорожным ларцом из красного сафьяна, за девушкой лакей с ковром и несколькими подушками, за лакеем ливрейным лакей не ливрейный с маленькою собачкой. Генеральша, очевидно, была недовольна, что мы заняли комнату, прежде чем она накушалась здесь своего чаю.

Она извинялась перед матушкой, что побеспокоила ее, но извинялась таким странным тоном, как будто мы были перед нею в чем-то виноваты и она нас прощала. Матушка по своей доброте ничего этого не замечала и даже радовалась, что она может чем-нибудь услужить проезжим, вызывалась заварить для них новый чай и предложила дочерям генеральши наших отогретых пирожков и папушников. Но генеральша отклонила матушкино хлебосольство, объяснив, все в том же неприступном тоне, что она разогретого не кушает и чаю не пьет, что для нее сейчас сварят кофе в ее кофейнике, а пока... она в это время обратилась к Петру Ивановичу и сказала:

– Послушай, мужик, у тебя есть что-нибудь завтракать?

– Матушка, – отвечал, выгибаясь, Петр Иваныч, – у меня сию минуту индюк в печи сидит, – на станцию для ремонтеров жарил, да если твоей милости угодно, мы тебе его подадим, а они подождут.

– Давай, – приказала генеральша.

Наш Борис тряхнул чубом и еще с большим ожесточением стал глотать остывающий чай. И мне и Борису показалось, что генеральша приказала подать индюка единственно затем, чтоб унизить этим нас, занимавших в комнате лучшее место, но скромно подкреплявшихся чаем и разогретыми пирожками. Все мы были немало переконфужены этим начинавшим подавлять нас великосветским соседством и нетерпеливо ждали появления индюка, в надежде, что вслед за тем гости наши покушают и уедут.

Наконец, явился и он. Как теперь его помню: это был огромный, хорошо поджаренный, подрумяненный индюк на большом деревянном блюде, и в его папоротку был артистически воткнут сверкающий клинок большого ножа с белой костяною ручкой. Петр Иванович подал индюка и, остановясь, сказал:

– Прикажете раскроить?

– Нет, пожалуста, пожалуста... твоих услуг не надо, – отвечала генеральша.

Петр Иванович, не конфузясь, отошел в сторону.

На столе запылал кофейник, и генеральша обратилась к дочерям с вопросом, чего кому хочется. Ни одной не хотелось ничего. Надо помнить, что это были те времена, когда наши барышни считали обязанностью держаться неземными созданьями и кушали очень мало, а потому генеральша только и могла отрезать от индюка одно крылышко. Это крылышко какая-то из девиц подержала в руках, покусала и бросила на тарелку. Затем лакей доложил, что карета готова, и чопорные гости стали собираться. Но тут произошла престранная история, впервые поколебавшая мое высокое понятие о генеральшах.

Петр Иванов явился с огромными счетами, начал выкладывать за теплоту и за светлоту и вдруг потребовал за жареного индюка семнадцать с полтиной (конечно на ассигнации).

Генеральша так и вскипела.

— Чту ты, чту ты! Да где же это за индюка семнадцать с полтиной? Этак и за границей не дерут.

— Нам, сударыня, заграница не указ; мы свой расчет держим.

— Да мы твоей индюшки и не съели: ты сам видишь, я одно крылышко от неё отломила.

— Как вам угодно, — отвечал Петр Иванов, — только я ее теперь никому подать не могу. Как у нас русский двор, то мы, сударыня, только целое подаем, особенно ремонтерам, потому как это господа завсегда строгие.

— Ах, какой же ты мошенник! — закричала генеральша.

Петр Иванов просил его не порочить.

— Нет, скажите Бога ради, мошенник он или нет? — обратилась генеральша заискивающим тоном к моей матери.

Мать промолчала, а Петр Иванов положил на стол счеты и вышел.

— Я не заплачэ, — решила генеральша, — ни за что не заплачу, — но тут же и спасовала, потому что вошедший лакей объявил, что Петр Иванов не выпускает его с вещами к карете.

— Ах, боже мой, разве это же можно? — засуетилась генеральша.

— Торговаться вперед надо, — отвечал ей поучительно Борис.

— Но, мой друг, пойди, уговори его. Вы позволите?

Мать позволила, Борис пошел, долго кричал и вернулся с тем, что менее пятнадцати рублей не берет.

— Скажите, что же мне делать? — засуетилась снова генеральша.

Мать моя, зевая и закрывая рот рукою, отвечала генеральше по-французски, что надо заплатить, и добавила, что с одного ее кузена на Кавказе какие-то казаки на постоялом дворе потребовали пять рублей за пять яиц и, когда тот не хотел платить, заперли его на дворе.

— Неужели это может быть и со мною? — воскликнула генеральша и, заливаясь слезами, начала упрашивать Петра Иванова об уступке, но Петр Иванов из пятнадцати рублей не уступил ни одной копейки, и деньги эти ему были заплачены; генеральша, негодующая и заплаканная, стала прощаться, проклиная Русь, о которой я слышал за границей одни нежные вздохи.

— Возьмите же по крайней мере с собою этого индюка: он вам пригодится, — сказала моя мать генеральше.

Растерянная генеральша с радостию согласилась.

– Да, да, – заговорила она, – конечно, жаркое пригодится.

И с этим ее превосходительство, остановив за руку Петра Иванова, который хотел уносить индюка, сказала ему:

– Позволь, позволь, батюшка: ты деньги получил, а индюк мой. Дай мне сахарной бумаги, чтобы завернуть.

Петр Иванов отказал, но мать встала с своего места, пересыпала рубленый сахар из бумажного картуза в холщовый мешочек и передала ее Борису, который тут же мастерски увернул индюка и вручил его непосредственно самой генеральше. Встреча с этою гордою дамой, ее надутый вид и метаморфозы, которые происходили с нею в течение нескольких минут, были для меня предметом немалого удивления.

С этих пор я при виде всякого земного величия постоянно не мог отучиться задавать себе вопрос: а как бы держало себя это величие пред индюком и запертыми воротами?

Это невинное событие преисполнило юную душу мою неулегающимися волнами сомнения и потом во многих случаях моей жизни служило мне соблазном и камнем преткновения, о который я спотыкался и довольно больно разбивал себе нос.

Тотчас по отъезде генеральши в нашей компании начались на ее счет самые злые насмешки, из чего я тогда же вывел для себя, сколь невыгодно выходить из собрания первым, а не последним. Из этой же беседы мне впервые уяснилось, что такое называется чванством, фанфаронством и другими именами. Но в конце этого разговора матушка, однако, обратила Борисово внимание на то, что хорош же, мол, однако, и твой Петр Иванов, – какой он мошенник! – Борис по этому поводу пустился в бесконечные рассказы о том, что придорожному человеку, а тем более дворнику никогда верить нельзя, будь он хоть самый честнейший человек, ибо на больших дорогах… Тут он начал рассказывать разные страсти, слушая которые я заснул.

ГЛАВА ПЯТАЯ

Вслед за этим я как сейчас помню небольшую почтовую станцийку в Нижегородской губернии, где мы натолкнулись на другую престранную историю. Это было во второй половине нашего путешествия, которое мы уже два дня совершали гораздо лучше, потому что на землю выпал густой

10

снег и стал первопуток. Мы бросили в каком-то городишке наш тарантас и ехали теперь в кибитке на полозьях. Рассказы Бориса о дорожных страхах возымели на всех нас свое устрашающее действие, вследствие чего матушка по ночам аккуратно пересаживала Бориса с козел в возок. Помню, как он, бывало, влезал к нам в волчьей шубе, внося с собою целое облако холодного пара, и обыкновенно сейчас же опять заводил страшные рассказы. Так мы проехали огромные лесные пространства и однажды вечером, остановясь перед маленькой станцийкой, увидели у крыльца кибитку с тройкой дрожащих и дымящихся лошадей. На станции была заметна какая-то суета и беготня с крыльца во двор и со двора на крыльцо. Всех, очевидно, занимало что-то и необыкновенное и смешное, потому что все бегали и не то охали, не то смеялись. Один верховой выскочил из ворот и, скаля зубы, понесся в одну сторону леса; другой, совсем помирая со смеха и нещадно настегивая по бокам коня, поскакал в другую. Мы рассчитывали здесь пить чай и вошли в сени. Нянька вела под руку матушку; Борис, по обыкновению, нес меня на руках. В маленькой, слабо освещенной комнатке, в которую мы вступили прямо из сеней, была куча самых странных людей, с самыми невероятными, длинными и горбатыми носами, каких я никогда до тех пор не видал. Мне даже показалось, что это вовсе не люди, а одни носы. Во всей этой смятенной сутолоке раздавался странный и непонятный говор и трепетный плач с каким-то гортанным переливом. Три огромные носа в огромных бараньих шапках держали над тазом четвертый нос, из которого в две противоположные стороны били фонтаны крови. Эти носы были армяне, возвращавшиеся куда-то к себе из Москвы. Их было счетом четверо, и они ехали всего за полчаса пред нами через лес, который мы благополучно минули. Трое из армян сидели в самой кибитке, а четвертый, их молодой приказчик, с самым большим восточным носом, помещался у них на коленях, так что огромный нос его высовывался из кибитки наружу. Вдруг из лесной чаши раздался выстрел и несчастный нос этого злополучного армянина как раз пред самым кончиком прострелен крупною леткой… Нужно же было случиться такой странности!

Мы застали армянина, истекающего кровью над тазом; около него все кричали, суетились, и никто ничего не предпринимал. Узнав в чем дело, моя мать быстро разорвала свой носовой платок и устроила из него для раненого бинт и компрессы, а Борис, выдернув из стоявшей на столе сальной свечки фитиль, продернул его армянину сквозь нос, и перевязка была готова. Теперь все только смеялись, что, конечно, было очень неприятно раненому, но удержаться было невозможно. Этот жалкий армянин с простреленным носом и продернутым сквозь него фитилем из свечки был действительно до такой степени смешон, что, несмотря на его печальное положение, сама матушка моя постоянно отворачивалась, чтобы скрыть свой смех. Мы обогрелись и уехали с этой станции, оставив в ней армян ожидать пристава, а сами с этих пор всю дорогу только и толковали про то, как и почему разбойник прострелил армянину не щеку, не ухо, а именно один нос? Признаюсь вам, я до сих пор считаю это событие совершенно чрезвычайным, и когда заходит где-либо речь о Промысле или о фатализме, я всегда невольно припоминаю себе этого армянина, получившего в нос первое предостережение.

ГЛАВА ШЕСТАЯ

Третье путевое происшествие, которое живыми чертами врезалось в моей памяти, было уже всего за полтораста верст от дядина имения. На дворе стояла сухая морозная ночь. Снег скрипел под полозьями и искрился, как рафинад. На лошадях и на людях сверкали морозные иглы. Мы подъехали к большому неприветливому дому, похожему на заброшенные боярские хоромы. Это тоже была станция, на которой нам категорически отказали в лошадях и не обещали даже дать их вскорости. Делать было нечего, мы выбрались из кибитки и пошли на станцию. В единственной большой комнате, назначенной и для проезжающих и для смотрительского стола, мы нашли сердитого-пресердитого вида человека в старой, поношенной бекеше. Это был станционный смотритель. Он сидел, подперши голову обеими руками, и смотрел в огромную, тускло освещаемую сальным огарком книгу. При нашем появлении он не тронулся и не ворохнулся, но тем не менее видно было, что чтение не сильно его занимало, потому что он часто зевал, вскидывал глазами на пламя свечи, очищал пальцами нагар и, поплевав на пальцы, опять лениво переводил глаза к книге. В комнате было мертвое молчание, прерываемое лишь то тихим и робким, то громким и азартным чириканьем сверчка где-то за старою панелью теплой печки. И вот опять на столе чай – это единственное универсальное лекарство от почтовой скуки; опять няня краснеет, опять дымится Борисов чуб, а смотритель все сидит и не удостоивает нас ни взгляда, ни звука. Бог знает, до чего бы додержал нас здесь этот невозмутимый человек, если бы на выручку нам не подоспело самое неожиданное обстоятельство.

Среди мертвой тишины под окнами послышался скрип полозьев, и в комнату вошел бойкою и щеголеватою походкой новый путешественник.

Это был высокий и стройный молодой человек в хорошей енотовой шубе, подпоясанной красным гарусным шарфом, и в франтовской круглой меховой шапочке из бобрового котика. Он подошел прямо к смотрителю и, вежливо положив ему на стол свернутую подорожную, проговорил очень мягким и, как мне казалось, симпатическим голосом:

– Прошу вас нарядить пять лошадей.

Смотритель, кажется, очень обрадовался, что судьба посылала ему нового человека, которого он мог помучить. Он даже искоса не взглянул на незнакомца и, отодвинув локтем его подорожную, сказал:

– Нет лошадей.

Подорожная упала на пол. Молодой человек в енотовой шубе поднял бумагу и без гнева вышел с нею вон. Борис, няня и матушка только переглянулись между собою, а Борис даже прошептал вдогонку проезжему:

– Вот тебе и енот!

Смотритель, очевидно, ликовал. Я впоследствии имел случай сделать вывод, что смотрительская должность имеет свойство приуготовлять в людях особенное расположение к злорадству.

Но в то время, как мы переглядывались, а смотритель радовался, в сенях раздались тяжелые шаги, пыхтенье и сап, и затем дверь грозно распахнулась настежь.

Мы все встрепенулись и насторожили и слух, и зрение.

ГЛАВА СЕДЬМАЯ

В комнату вплыло целое облако холодного воздуха, и в этом воздухе заколебалась страшная черная масса, пред которою за минуту вошедший человек казался какой-то фитюлькой. Масса эта, в огромной черной медвежьей шубе с широким воротником, спускавшимся до самого пояса, с аршинными отворотами на доходивших до пола рукавах, в медвежьих сапогах и большой собольей шапке, – вошла, рыкнула: «где?» и, по безмолвному манию следовавшего за ним енота, прямо надвинулась на смотрителя: одно мгновение – что-то хлопнуло, и на полу, у ног медвежьей массы, закопошился смотритель. Еще хлоп – и новый полет кувырком, и снова безмолвие.

– Ты читал, мерзавец, подорожную? – заревел в медведе.

Смотритель стоял, вытянувшись, дрожа и пятясь.

13

– Читал? – грозно переспросил медведь.

– Не... не... нет-с.

Но еще прежде чем смотритель кончил это «нет-с»; в комнате опять раздалась оглушительнейшая пощечина, и смотритель снова кувырком полетел под стол.

– Так ты даже не читал? Ты даже не знаешь, кто я? А небось ты четырнадцатым классом, каналья, пользуешься?

– Пользуюсь, ваше высокопревосходительство.

Оплеуха.

– Чин: «не бей меня в рыло», имеешь?

– Имею-с.

– Избавлен по закону от телесного наказания?

– Избавлен-с.

– Так вот же, не уповай на закон! Не уповай!

И посыпались пощечины за пощечиной; летели они градом, дождем, потоком; несчастный смотритель только что поднимался, как падал снова на пол. Мы все привстали в страхе и ужасе и решительно не знали, что это за Наполеон такой набежал и как нам себя при нем держать; а смотритель все падал и снова поднимался для того, чтобы снова падать, между тем как шуба все косила и косила. Я и теперь не могу понять, как непостижимо ловко наносила удары эта медвежья шуба. Она действовала как мельница: то одним крылом справа, то другим слева, так что это была как бы машина, ниспосланная сюда затем, чтобы наказать невозмутимого чиновника. Вслед за последним ударом шуба толкнула избитого смотрителя сапогом под стол и, не говоря ему более ни слова, повернула к дверям и исчезла в морозном облаке; за медведем ушел и енот. Чуть только она вышла, смотритель тотчас же выкарабкался, встряхнулся, как пудель, и тоже исчез. Через секунду на дворе зазвенел его распорядительный голос, а еще через минуту экипаж ускакал. Смотритель, проводив гостей, вошел в комнату, повесил на колышек шапку и сел к своей книге, но прочитал немного. Он, видимо, нуждался в беседе: хотел облегчить свою душу разговором и потому, обратясь к матушке, сказал довольно спокойным для его положения тоном:

– Вот, изволили видеть, какие у нас в России бывают по службе неприятности.

– Да, это ужасная неприятность, – отвечала моя сердобольная матушка и добавила: – Я удивляюсь, неужто вы все это так и оставите?

– Нет-с: да что же... тут если все взыскивать, так и служить бы невозможно, – отвечал смотритель. – Это большая особа: тайный советник и сенатор (смотритель назвал одну из важных в тогдашнее время фамилий). От такого, по правде сказать, оно даже и не обидно; а вот как другой раз прапорщик какой набежит или корнет, да тоже к рылу лезет, так вот это уж очень противно.

Сказав это, смотритель вздохнул, вышел и велел запрягать нам лошадей.

Таким образом, если вам угодно, я, проезжая по России до места моего приюта, получил уже довольно своеобычные уроки и составил себе довольно самостоятельное понятие о том, что может ждать меня в предстоящем. Все, что я ни видал, все для меня было сюрпризом, и я получил наклонность ждать, что вперед пойдет все чуднее и чуднее.

Так оно и вышло.

ГЛАВА ВОСЬМАЯ

В имении дяди меня на первых же порах ожидали еще новые, гораздо более удивительные вещи. Брат моей матери, князь Семен Одоленский, беспардонный либерал самого нелиберального времени, был человек, преисполненный всяческих противоречий и чудачеств.

Он когда-то много учился, сражался в отечественную войну, был масоном, писал либеральнейшие проекты и за то, что их нигде не принимали, рассердился на всех – на государя, на Сперанского, на г-жу Крюденер, на Филарета, – уехал в деревню и мстил всем им оттуда разными чудачествами, вероятно оставшимися для тех никогда неизвестными. Он жил в доме странном, страшном, желтом и таком длинном, что в нем, кажется, можно было уставить две целые державы – Липпе и Кнингаузен. В этом доме брат моей матери никогда не принимал ни одного человека, равного ему по общественному положению и образованию; а если кто к нему по незнанию заезжал, то он отбоярил гостей так, что они вперед сюда уже не заглядывали. Назад тому лет двадцать верстах в сорока от него жила его родная тетка, старая княжна Авдотья Одоленская, которая лет пять сряду ждала к себе племянника и, не дождавшись, потеряла, наконец, терпение и решила сама навестить его. Для этого визита она выбрала день его рождения и прикатила. Дядя, узнав о таком неожиданном родственном набеге, выслал дворецкого объявить тетке, что он не знает, по какому бы такому делу им надобно было свидеться. Одним словом, он ее выпроваживал; но тетка тоже была не из уступчивых, и дворецкий, побеседовав с ней, возвратился к дяде с докладом, что старая княжна приехала к нему как к новорожденному. Дядя нимало этим не смутился и опять выслал в зал к тетке того же самого дворецкого с таким ответом, что князь, мол, рождению своему не радуются и поздравления с оным принимать не желают, так как новый год для них ничто иное, как шаг к смерти. Но княжна и этим не пронялась: она села на диван и велела передать князю, что до тех пор не встанет и не уедет, пока не увидит новорожденного. Тогда князь позвал в кабинет камердинера, разоблачился донага и вышел к гостье в чем его мать родила.

– Вот, мол, государыня тетушка, каков я родился!

Княжна давай бог ноги, а он в этом же райском наряде выпроводил ее на крыльцо до самого экипажа.

Вообще присутствия всякого рувни князь не сносил, а водился с окрестными хлыстами, сочинял им для их радений песни и стихи, сам мнил себя и хлыстом, и духоборцем, и участвовал в радениях, но в Бога не верил, а только юродствовал со скуки и досады, происходивших от бессильного гнева на позабывшее о нем правительство. Семьи законной у него не было: он был холост, но имел много детей и не только не скрывал этого, но неумолчно требовал, чтоб ему записали его детей в формулярный список. На бумагах же, где только была надобность спросить его «холост он или женат и имеет ли детей», он постоянно с особенным удовольствием писал: «Холост, но детей имею». Об обществе он не заботился, потому что якобы пренебрегал всеми «поклоняющимися злату и древу», и в приемном покое, где некого было принимать, держал на высокой, обитой красным сукном колонне литого из золота тельца со страшными зелеными изумрудными глазами. Пред этим тельцом будто бы когда-то кланялись и присягали по особой присяге попы и чиновники, и телец им выкидывал за каждый поклон по червонцу, но впоследствии все это дяде надоело и комедия с тельцом была брошена. Деловыми занятиями князя были бесчисленные процессы, которые он вел почти со всеми губернскими властями, единственно с целью дразнить их и оскорблять безнаказанным образом. В этом искусстве он достиг замечательного совершенства и нередко даже не одних чиновников поражал неожиданностию и оригинальностию своих приемов. Он сочинял сам на себя изветы и доносы, чтобы заводить переписку с властями, имея заранее обдуманные планы, как злить и безнаказанно обижать чиновников. Пропадал, например, в соседнем с ним губернаторском имении скот. Дядя тотчас призывал самого ябедливого дьячка, подпаивал его водкой, которой и сам выпивал для примера, и вдруг ни с того ни с сего доверял дьячку, что губернаторский скот стоит у него на задворке. Через неделю губернатор получал донос на дядю, и тот ликовал: все хлопоты и заботы о том только и шли, чтобы вступить в переписку. На первый же запрос дядя очень спешно отвечал, что « я-дескота губернатора с его полей в свои закуты загонять никогда не приказывал, да и иметь его скота нигде вблизи меня и моих четвероногих не желаю; но опасаюсь, не загнал ли скота губернатора , по глупости, мой бурмистр из села Поганец». По этому показанию особый чиновник летел в село Поганец и там тоже, разумеется, никакого «скота губернатора» не находил; а дядя уже строчил новую бумагу, в коей жаловался, что « Поганец губернаторскийчиновник , обыскивая, перепугал на скотном дворе всех племенных телят». Если же дяде не удавалось втравливать местных чиновников в переписку с собою, то он строчил на них жалобы в том же тоне в столицы. Так, в одной жалобе, посланной им в Петербург на местного губернатора, он писал без запятых и точек: «в бытность мою в губернском городе на выборах я однажды встретился с господином начальником губернии и был изруган им подлецом и мошенником », а в другой раз, в просьбе, поданной в уголовную палату, устроил, конечно с умыслом, в разных местах подчистки некоторых слов в таком порядке, что получил возможность в конце прошения написать следующую оговорку: «а что в сем прошении по почищенному написано, что судившие меня, члены, уголовной, палаты, все, до, одного, взяточники, подлецы, и, дураки, то это все верно и прошу в том не сомневаться...»

Тогда, в те мрачные времена бессудия и безмолвия на нашей земле, все это казалось не только верхом остроумия, но даже вменялось беспокойному старику в высочайшую гражданскую доблесть, и если бы он кого-нибудь принимал, то к нему всеконечно многие бы ездили на поклонение и считали бы себя через то в опасном положении, но у дяди, как я сказал, дверь была затворена для всех, и эта-то недоступность делала его еще интереснее.

ГЛАВА ДЕВЯТАЯ

У матери были дела с дядею: ей надлежала от него значительная сумма денег. Таких гостей обыкновенные люди принимают вообще нерадостно, но дядя мой был не таков: он встретил нас с матерью приветливо, но поместил не в доме, а во флигеле. В обширном и почти пустом доме у него для нас места недостало. Это очень обидело покойную матушку. Она мне не сказала ничего, но я при всей молодости моих тогдашних лет видел, как ее передернуло.

Непосредственно за прибытием нашим в дядину усадьбу у нас так и потянулась полоса скучной жизни. Дяди я не видал, а грустная мать моя была плохим товарищем моему детскому возрасту, жаждавшему игр и забав. Зима уходила, и снега стали сереть; кончался пост. Однажды, пригорюнясь, сидел я у окна и смотрел на склонявшееся к закату весеннее солнце, как вдруг кто-то большою, твердою, тяжелою походкой прошел мимо окна и ступил на крыльцо флигеля так, что ступени затрещали под его ногами. Через минуту растворилась дверь, и на пороге показался мой дядя.

Это было первое посещение, которое он решился сделать моей матери после нашего приезда в его имение.

Не знаю почему, для чего и зачем, но при виде дяди я невыразимо его испугался и почти в ужасе смотрел на его бледное лицо, на его пестрой термаламы халат, пунцовый гро-гро галстук и лисью высокую, остроконечную шапочку. Он мне казался великим магом и волшебником, о которых я к тому времени имел уже довольно обстоятельные сведения.

Прислонясь к спинке кресла, на котором застал меня дядя, я не сомневался, что у него в кармане непременно есть где-нибудь ветка омелы, что он коснется ею моей головы, и что я тотчас скинусь белым зайчиком и поскачу в это широкое поле с темными перелогами, в которых растлевается флером весны подернутый снег, а он скинется волком и пойдет меня гнать... Что шаг, то становится все страшнее и страшнее... И вот дядя подошел именно прямо ко мне, взял меня за уши и сказал:

– Здравствуй, пумперлей! – и при этом он подавил мне слегка книзу уши и добавил: – Ишь что за гадость мальчишка! плечишки с вершок, а внизу жиреешь. Постное, небось, ел?

– Постное, – прошептал я едва слышно.

Дядя опять давнул меня за уши и проговорил:

– Точная девочка; изгадила, брат, тебя мать, изгадила.

– Брат! – отозвалась ему из другой комнаты с укоризною мать.

Дядя ушел к ней, и она заговорила с ним по-английски, сначала просто шумно, а потом и сердито.

Я понял одно, что дядя над чем-то издевался, и мне показалось, что насмешки его имеют некоторое соотношение к восковому купидону, которого в большом от меня секрете золотила для меня моя мать.

– Это – растление, – говорил дядя. – В жизни все причинно, последовательно и условно. Сюрпризами только гадость делается.

Мать умоляла дядю замолчать.

– Пусть, – говорила она, – пусть по-твоему. Пускай жизнь будет подносить ему одни неприятности, но пусть я... пусть мать поднесет ему удовольствие.

Я тогда несвободно понимал по-английски и не понял, чем кончился их разговор, да и вдобавок я уснул. Меня раздели и сонного уложили в кровать. Это со мною часто случалось.

Помнилось мне только сквозь сон, что дядя, проходя мимо меня, будто сказал мне:

– Мой милый друг, тебя завтра ждет большой сюрприз.

На утро я проснулся очень рано, но боялся открыть глаза: я знал, что вербный купидон, вероятно, уже слетел к моей постельке и парит над ней с какими-нибудь большими для меня радостями.

Я раскрыл глаза сначала чуть на один волосок, потом несколько шире, и, наконец, уже не сам я, а неведомый ужас растворил их, так что я почувствовал их совсем круглыми, и при этом имел только одно желание: влипнуть в мою подушку, уйти в нее и провалиться...

Вербный купидон делал мне сюрприз, которого я действительно ни за что не ожидал: он висел на широкой голубой ленте, а в объятиях нес для мира печали и слез... розгу. Да-с, не что иное, как большую березовую розгу!.. Увидев это, я долго не мог прийти в себя и поверить, проснулся я или еще грежу спросонья; я приподнимался, всматривался и, к удивлению своему, все более и более изумлялся: мой вербный купидон действительно держал у себя под крылышками огромный пук березовых прутьев, связанных такою же голубой лентой, на какой сам он был подвешен, и на этой же ленте я заметил и белый билетик. «Чту это было на билетике при таком странном приношении?» – размышлял я и хотя сам тщательно кутался в одеяло и дулся на прилет купидона с розгой, но... но не выдержал... вскочил, сорвал билетик и прочитал:

– «Кто ждет себе ни за что ни про что радостей, тот дождется за то всяких гадостей».

«Это дядя! это непременно дядя!» – решил я себе и не ошибся, потому что в эту минуту дядя распахнул занавески моей кроватки и... изрядно меня высек ни зб что и ни пру что.

Матушка была в церкви и защищать меня было некому; но зато она, узнав о моем сюрпризе, решилась немедленно отвезти меня в гимназический пансион, где и начался для меня новый род жизни.

Таким я припоминаю вербного купидона. Он имел для меня свое серьезное значение. С тех пор при каких бы то ни было упованиях на что бы то ни было свыше у меня в крови пробегает трепет и мне представляется вечно он, вербный купидон, спускающийся ко мне с березовой розгой, и он меня сек, да-с, он много и страшно сек меня и... я опасаюсь, как бы еще раз не высек... Нечего, господа, улыбаться, – я рассказываю вам историю очень серьезную, и вы только благоволите в нее вникнуть.

ГЛАВА ДЕСЯТАЯ

В нынешнее время у школяров есть честность гражданская; у нас была честность рыцарская. Жизнь была тоже рыцарская. Неустрашимость, храбрость и мужество в разнообразнейших их приложениях и проявлениях подвергались испытанию. Классные комнаты назывались залами различных орденов. Тут были круглоголовые, черноголовые рыцари, странствующие рыцари и всякие другие, каких вам угодно орденов и званий. Огромный сад пансиона служил необъятным поприщем, на котором происходили бои и турниры, что бывало зимой, когда нас пускали в этот сад, особенно удобно по причине огромных, наваленных тут сугробов, изображавших замки и крепости.

Я жил голодно и учился прекрасно. Так прошел год, в течение которого я не ездил домой ни разу. Я, впрочем, обвыкся и не скучал. Затруднительною порой в этой жизни было для нас вдруг объявленное нам распоряжение, чтобы мы никак не смели «отвечать в повелительном наклонении». Нам было сказано, что это требуется из Петербурга, и мы были немало устрашены этим требованием, но все-таки по привычке отвечали: «подведи шар под меридиан» или «раздели частное и умножь делителя». Отучить нас отвечать иначе, как напечатано в книгах, долго не было никакой возможности, и бывали мы за то биты жестоко и много, даже и не постигая, в чем наша вина и преступление. Знакомства и исключительного дружества я ни с кем в школе не водил, хотя мне немножко более других нравились два немца – братья Карл, который был со мною во втором классе, и Аматус, который был в третьем. Помню, что оба они были очень краснощекие и аккуратно каждую перемену сходились друг с другом у притолки двери, разделявшей наши классы; и Карл, бывало, говорил Аматусу:

– Аматус, мне кажется, что я себе нынче из русского нуль достал.

А на следующую перемену Аматус являлся к притолке и возвещал:

– Нет, Карлюс, я о тебе справился, ты ошибаешься: это тебе не кажется, а ты себе настоящий нуль достал.

Эта пунктуальность и обстоятельность в сих юных характерах мне чрезвычайно нравились, и я всегда с жадностию прислушивался к этому тихому и совершенно серьезному разговору двух немцев об одном нуле.

Но сюрприз мне был уже готов и ждал меня, а я к нему мчался.

ГЛАВА ОДИННАДЦАТАЯ

Приближалась Пасха. До Страстной недели оставалось всего одна неделя, одна небольшая неделя. В дортуарах вечером разнесся слух, что нас распустят не в субботу, а в четверг. Я уеду и увижу мать!.. Сердце мое трепетало и билось. Тревожные ощущения эти еще более усилились, когда в среду один из лакеев, утирая меня полотенцем, шепнул мне:

– За вами приехали.

Когда я пришел в столовую, сел за свой чай, то почувствовал, что вся кровь бросилась мне в лицо, и у меня начали пылать уши. Все это произошло от одного магического слова, которое произнеслось шепотом и в сотне различных переливов разнеслось по столовой. Это магическое слово было: «за ним прислали».

Понятно, что ежели бы нас пустили сегодня или завтра, в четверг, то я завтра же мог бы и ехать.

– Если бы только пустили!

Но вот в четверг начинаются и оканчиваются классы. Начальство не заводит ровно никакой речи об отпуске. Пред обедом несколько других товарищей выбегают по вызову лакея в переднюю и возвращаются с радостными лицами: и за ними прислали. В часы послеобеденного отдыха известия о присылке еще учащаются, вечером они еще возрастают, и, наконец, оказывается, что чуть ли не прислали уже за всем пансионом. Нетерпение разгорается с каждою минутой. Каждая минута становится бог весть какою тягостью. Мысль о том, что нужно идти спать в те же прохладные дортуары, становится несносна. Приготовлять уроки с вечера нет уже никакой силы. Так и мерещатся, так и снятся наяву лошади, бричка, няня и теплая беличья шубка, которую прислала за мною мама и которую няня неизвестно для чего, в первые минуты своего появления в пансион, принесла мне и оставила. Вечерние уроки мы все отсидели как на иголках. Четверг нас уже обманул, но может быть зато выручит пятница? Неужто же ждать до субботы? Неужто нельзя ускорить приближение счастливого момента хотя на одни сутки?

Кто-то из детей, – я очень долго помнил его имя, но теперь позабыл, – вздохнул и с детским равнодушием воскликнул:

– Боже мой, неужто нет никаких средств, чтобы выдумать что-нибудь такое, чтобы нас отпустили раньше.

– Нет таких средств, и если даже не ошибаюсь, то, мне кажется, нет таких физических средств, – сказал в ответ ему, вздохнувши, другой маленький мальчик.

Замечательное дело, что тогда, когда в людях было менее всего всякой положительности, у нас, когда говорили о средствах, всегда прибавлялось, что нет физических средств, как будто в других средствах, нравственных и моральных, тогда никто уже не сомневался.

— Да, так; нет никаких физических средств, — отвечал первый маленький мальчик.

— А кто это сказал — тот дурак, — заметил возмужалым голосом некто Калатузов, молодой юноша лет восемнадцати, которого нежные родители бог весть для чего продержали до этого возраста дома и потом привезли для того, чтобы посадить рядом с нами во второй класс.

Мы его звали «дядюшкой», а он нас за это бил. Калатузов держал себя «на офицерской ноге». Держать себя на офицерской ноге в наше время значило: не водиться запанибрата с маленькими, ходить в расстегнутой куртке, носить неформенный галстук, приподниматься лениво, когда спросят, отвечать как бы нехотя и басом, ходить вразвалку. Все это строго запрещалось, но, не умею вам сказать, как и почему, всегда в каждом заведении тогдашнего времени, к которому относится мое воспитание, были ученики, которые умели ставить себя «на офицерскую ногу», и им это не воспрещалось.

ГЛАВА ДВЕНАДЦАТАЯ

В нашем классе один Калатузов был на офицерской ноге. Он мог у нас бить всю мелкоту, сам он был большой дурак, аппетит имел огромный, а к учению способности никакой. Это знали все учителя и потому никогда его не спрашивали, а если в заведение приезжало какое-нибудь начальствующее лицо, то Калатузова совсем убирали и клали в больницу. Он этим гордился. Впрочем, раз было с ним несчастное происшествие: его спросил один новый учитель. Это был новоприбывший преподаватель географии. Производя первую перекличку, он вызвал и Калатузова.

Калатузов тяжело приподнялся, перевалился с боку на бок, облокотился косточками правой руки на стол и легким бархатным баском сказал:

— Я полагал, что вы, вероятно, знаете, что я ничего не знаю.

Учитель рассмеялся и отвечал:

— Ну, в таком случае я запишу вам нуль.

— Это как вы хотите, — отвечал спокойно Калатузов, но, заметив, что непривычный к нашим порядкам учитель и в самом деле намеревается бестрепетною рукой поставить ему «котелку», и сообразив, что в силу этой отметки, он, несмотря на свое крупное значение в классе, останется с ленивыми без обеда, Калатузов немножко привалился на стол и закончил:

– Вы запишете мне нуль, а я на следующий класс буду все знать.

Большой рост дурака, его пробивающиеся усы, мужественный голос и странная офицерская манера держаться, резко выделявшая его из окружающей его мелюзги, все, по-видимому, возбуждало к нему большое внимание нового учителя; рассмеявшись, он положил перо и сказал шутливо:

– Хорошо, господин Калатузов, я вам в таком случае не напишу нуля, если вы обещаетесь знать что-нибудь.

– Вы будьте в этом уверены, – отвечал Калатузов.

И вот пришел следующий класс; прочитали молитву; учитель сел за стол; сделалась тишина. Многих из нас занимало, спросит или не спросит нынешний раз новый учитель Калатузова; а он его как раз и зовет.

– Вы нам, кажется, – говорит, – обещали прошлый раз что-то выучить?

Калатузов нехотя, что называется, как вор на ярмарке, повернулся, наклонился в один бок плечом, потом перевалился на другой, облокотился кистями обеих рук о парту и медленно возгласил:

– Точно, я вам это обещал.

– Что же вы знаете? – спросил учитель.

Для Калатузова это был вопрос весьма затруднительный; ему было безразлично, о чем бы его ни спросили, потому что он ничего не знал, но он, нимало не смутившись, равнодушно посмотрел на свои ногти и сказал:

– Я все знаю.

– Все?

– Да, все, – еще спокойнее отвечал Калатузов.

Учителю стало необыкновенно весело, а мы с удовольствием и не без зависти заметили, что Калатузов овладевал и этим новым человеком и, конечно, и от него будет пользоваться всякими вольностями и льготами.

– Но есть же что-нибудь такое, – спросил его учитель, – что вы особенно хорошо знаете?

– Нет, мне все равно; я все одинаково знаю, – отвечал, нимало не смущаясь, Калатузов.

– Но, верно, есть что-нибудь такое, что вам особенно приятно рассказать. Я хочу, чтобы вы сами выбрали.

– Извольте, – отвечал Калатузов и, бесцеремонно нагнувшись к своему маленькому соседу, взял в руки географию, развернул ее, взглянул на заголовок статьи и сказал:

– Пруссию.

– Вы лучше всего знаете Пруссию?

– Да, Пруссию, – отвечал Калатузов.

– Потрудитесь начинать.

– Извольте, – отвечал Калатузов и, глядя преспокойно в книгу, начал, как теперь помню, следующее определение: «Бранденбургия была», но на этом расхохотавшийся учитель остановил его и сказал, что читать по книге вовсе не значит знать. Калатузов бросил книгу на стол, дал в обе стороны два кулака сидевшим около него малюткам и довольно громко сказал: «Подсказывай»… Молодой учитель смотрел на всю эту проделку с видимым удовольствием. Его это смешило и тешило. Два маленьких мальчика, боявшиеся своего огромного соседа, оба зажужжали: «Бранденбургия была первоначальным зерном Прусского королевства». Так излагались сведения о Пруссии в нашей географии. Жужжавшие наперерыв друг пред другом мальчики подсказывали, однако, неудовлетворительно. Калатузов пригинался то к одному из них, то к другому и, получая вместо определительных слов какое-то жужжание, вышел, наконец, из терпения и сказал:

– Один подсказывай.

Соседний мальчик справа внятно произнес ему:

– Бранденбургия была первоначальным зерном Прусского королевства.

– Довольно, – сказал Калатузов; с этим он откашлянулся, провел пальцем за галстуком, поправил рукой волосы, которые у него, по офицерским же правилам, были немного длиннее, чем у всех нас, и спокойно возгласил:

– Пруссия есть зерно.

– Как зерно? – переспросил изумленный учитель.

– Так написано, – отвечал Калатузов.

– Но позвольте же узнать, как же это? Есть зерна ржаные, овсяные, пшеничные. Какое же зерно Пруссия?

Калатузов подумал и, сделав кислую гримасу, отвечал:

– Я вам не могу объяснить этого, какое это чертово зерно.

Вот этот-то умник Калатузов во время тайного разговора в четверг Лазаревой недели и говорит:

– Пустяки, – говорит, – есть физическая возможность, чтобы нас отпустили завтра утром; мне, – говорит, – нет ничего легче доказать вам эту физическую возможность.

Мы стали просить, чтоб он нам ее доказал.

– Сегодня вечером, – начал внушать Калатузов, – за ужином пусть каждый оставит мне свой хлеб с маслом, а через полчаса я вам открою физическую возможность добиться того, чтобы нас не только отпустили завтра, но даже по шеям выгнали.

– Выгонят по шеям!.. – У нас даже ушки от этого запрыгали.

– Только надо, чтоб кто-нибудь взялся сделать одно дело, – продолжал Калатузов.

– Страшное? – спросило разом несколько голосов.

– Ну, не очень страшное, – отвечал Калатузов, – но таки рискованное.

– Рискованное? – крикнул тоненьким голоском маленький, чистенький и опрятный мальчик, который был необыкновенно красив и которого все в классе целовали.

Он назывался Локотков.

– Рискованное? – воскликнул Локотков. – Я берусь за всякое рискованное дело.

Локотков был у нас отчаянною головой: он употреблялся в классе для того, чтобы передразнивать учителя-немца или приводить в ярость и неистовство учителя-француза. Характера он был живого, предприимчивого и пылкого.

Локоткову удавалось входить в доверие к учителю французского языка и коварно выводить его на посмешище, уверяя его во время перевода, что сказать: «у рыб нет зуб» невозможно, а надо говорить: или «у рыбей нет зубей», или «у рыбов нет зубов» и т. п.

Кончалось это обыкновенно тем, что Локоткову доставался нуль за поведение, но это ему, бывало, неймется, и на следующий урок Локотков снова, бывало, смущает учителя, объясняя ему, что он не так перевел, будто «голодный мужик выпил кувшин воды одним духом».

– Одним духом невозможно пить, monsieur Basel[9], – внушал с кротостию учителю Локотков.

– Taisez-vous[10], – сердито кричал француз и, покусав в задумчивости губы, лепетал: – Мужик, le paysan[11], выпил кувшин воды одним ... шагом. Да, – выговаривал он тверже, вглядываясь во все детские физиономии, – именно выпил кувшин воды одним шагом ... нет... одним духом... нет: одним шагом...

И раздавался снова хохот, и monsieur Basel снова выписывал Локотову zéro[12]. И вот этот-то веселый, добродушный мальчик вызвался совершить рискованное предприятие.

---

[9] Господин Базель (франц.).

[10] Молчите (франц.).

[11] Мужик (франц.)

[12] Ноль (франц.)

ГЛАВА ТРИНАДЦАТАЯ

Рискованное предприятие, которое должно было спасти нас и выпустить двумя днями раньше из заведения, по плану Калатузова заключалось в том, чтобы ночью из всех подсвечников, которые будут вынесены в переднюю, накрасть огарков и побросать их в печки: сделается-де угар, и нас отпустят с утра.

План был прост и гениален.

Что за тревожная ночь за сим наступила! Тишина была замечательная: не спал никто, но все притворялись спящими. Маленький Локотков, в шерстяных чулках, которые были доставлены мне нянею для путешествия, надел на себя мне же доставленную шубку мехом навыворот, чтоб испугать, если невзначай кого встретит, и с перочинным ножиком и с двумя пустыми жестяными пиналями отправился на очистку оставленных подсвечников. Поход совершился благополучно. Локотков возвратился, сало украдено, но сам вор как будто занемог; он лег на постель и не разговаривал. Это было вследствие тревоги и волнения. Мы это понимали.

ГЛАВА ЧЕТЫРНАДЦАТАЯ

На небе засерело туманное, тяжелое апрельское утро. Нам все не спится. Еще минута, и вот начинается перепархиванье с одной кровати на другую, начинаются нервная горячка и страх. На некоторых кроватях мальчики помещаются по двое, и здесь и там повсеместно идет тихий шепот и подсмеиванье над тем, что будет и как будет. Кое-кто сообщает идиллические описания своей деревушки, своего домика, но и между идиллиями и между хохотом все беспрестанно оборачиваются на кроватку, на которой лежит Локотков. Он, кажется, спит; его никто не беспокоит. Все чувствуют к нему невольное почтение и хотели бы пробудить его, но считают это святотатством. Кто-то тихо подкрался к нему, посмотрел в глаза, прислушался к дыханию и покачал головой. Что значит это неопределительное покачиванье головой – никому неизвестно, но по дортуару тихо разносится «спит». И вот еще минута. Всем кажется, что Локоткова пора бы, наконец, будить, но ни у кого не достает решимости. Наконец где-то далеко внизу, на крыльце, завизжал и хлопнул дверной блок.

Это истопники несут дрова... роковая минута приближается: сейчас начнут топить. Дух занимается. У всех на уме одно и у всех одно движение – будить Локоткова.

Длинный, сухой ученик с совершенно белыми волосами и белесоватыми зрачками глаз, прозванный в классе «белым тараканом», тихо крадется к Локоткову и только что хотел произнести: «Локотков, пора!», как тот, вдруг расхохотавшись беззвучным смехом, сел на кровать и прошептал: «Ах, какие же вы трусы! Я тоже не спал всю ночь, но я не спал от смеха, а вы... трусишки!», и с этим он начал обуваться.

«Вот-то Локотков, молодчина!» – думали мы, с завистью глядя на своего благородного, самоотверженного товарища.

«Вот-то характер, так характер!»

За ширмами потянулся гувернер, встал, вышел с заспанным лицом и удивился, что мы все уже на ногах.

В нижнем этаже и со всех сторон начинается хлопанье дверей и слышится веселое трещанье затопившихся печек. Роковая минута все ближе и ближе. Проходя в умывальную попарно, мы все бросали значительные взгляды на топившуюся печку и держались серьезно, как заговорщики, у которых есть общая тайна.

Кровь нашу слегка леденил и останавливал мучительный вопрос, как это начнется, как это разыграется и как это кончится?

ГЛАВА ПЯТНАДЦАТАЯ

Локотков казался серьезнее прочих и даже был немножко бледен. Как только мы стали собираться в классы, он вдруг начал корчить болезненные мины и улизнул из чайной под предлогом не терпящих отлагательства обстоятельств, известных под именем «надобности царя Саула». Мы смекнули, что он отправился на опасное дело, и хлебали свою теплую воду с усугубленным аппетитом, не нарушая ни одним словом мертвого молчания. Локотков, запыхавшийся, немного бледный, со вспотевшим носом и взмокшими на лбу волосами, явился в комнату снова не более как минут через пять. Было большое сомнение; сделал ли он что-нибудь, как нынче говорят, для общего дела , или только попытался, но струсил и возвратился без успеха. Обежать в такое короткое время целое заведение и зарядить салом все печи казалось решительно невозможным. Устремленные со вниманием глаза наши на Локоткова не могли прочесть на его лице ничего. Он был, видимо, взволнован, но пил свой остывший чай, не обращая ни на кого ни малейшего внимания. Но прежде чем мы могли добиться чего-нибудь на его лице, загадка уже разъяснилась. Дверь в нашу комнату с шумом распахнулась, и немец-инспектор быстро пробежал в сопровождении двух сторожей. Густой, удушливый чад полез вслед за ними по всем комнатам. Локотков быстро отворил печную дверку этого единственного покоя, где еще не было угара, и в непотухшие угли бросил горсть сальных крошек вместе с куском синей сахарной бумаги, в которую они были завернуты. Мы побледнели. Один Калатузов спокойно жевал, как вол, свою жвачку и после небольшой паузы, допив последний глоток чайной бурды, произнес спокойно:

— А вот теперь за это может быть кому-нибудь славная порка.

При этих словах у меня вдруг перехватило в горле. Я взглянул на Локоткова. Он был бледен, а рука его неподвижно лежала на недопитом стакане чаю, который он только хотел приподнять со стола.

— Да, славная будет порка, — продолжал Калатузов и, отойдя к окну, не без аппетита стал утирать свой рот.

— Но кто же это может открыть? — робко спросил в это время весь покрывшийся пунцовым румянцем Локотков.

— Тот, кто домой хочет пораньше, — отвечал Калатузов.

ГЛАВА ШЕСТНАДЦАТАЯ

Начальство сразу смекнуло в чем дело, да немудрено было это и смекнуть. Распахнулись двери, и на пороге, расчищая ус, явился сторож Кухтин, который у нас был даже воспет в стихах, где было представлено торжественное ведение юношей рыцарей на казнь, причем,

Как грозный исполин,
Шагал там с розгами Кухтин.

При виде этого страшного человека Локотков изобличил глубокий упадок духа. Стоя возле него, я видел не только, как он покачнулся, но даже чувствовал, как трепетала на его сюртучке худо пришитая пуговка и как его маленькие пухленькие губки сердечком выбивали дробь.

Начался допрос. Дети сначала не признавались, но когда директор объявил, что все три низшие класса будут высечены через четыре человека пятый, началось смятение.

— Отделяйтесь! — начал директор. — Ты, первый, становись к скамье.

Один робкий мальчик отошел и подвинулся к скамье. Он водил тревожными глазами по зале и ничего не говорил, но правая рука его постоянно то поднималась, то опускалась, – точно он хотел отдать кому-то честь. Следующие четыре мальчика были отставлены в сторону; эти немедленно начали часто и быстро креститься. Пятый снова тихо подвигался к скамье. Это был тот бледный, запуганный мальчик, которого звали «белым тараканом». Совсем оробев, он не мог идти: ноги у него в коленях подламывались, и он падал. Кухтин взял его под мышку, как скрипку, и посадил на пол.

– Бросали сало? – отнесся к нему директор.

– Да, да, – пролепетал ему мальчик.

– Кто бросал?

«Белый таракан» пошатнулся, оперся ладонями в пол и, качнув головой, прошептал:

– Я не знаю... все...

– Все? стало быть, и ты?

– Я, нет, не я.

У него, видимо, развязался язык, и он готов был проговориться; но вдруг он вспомнил законы нашей рыцарской чести, побагровел и сказал твердо:

– Я не знаю, кто.

– Не знаешь? ну, восписуем ти, раба, – отвечал директор, толкнув его к скамейке, и снова отделилась четверка счастливых.

В числе счастливых четвертого пятка выскочил Локотков. Я заметил, что он не разделял общей радости других товарищей, избегавших наказания; он не радовался и не крестился, но то поднимал глаза к небу, то опускал их вниз, дрожал и, кусая до крови ногти и губы, шептал: «Под твою милость прибегаем, Богородица Дева».

У нас было поверье, что для того чтобы избежать наказания или чтобы оно, по крайней мере, было легче, надо было читать про себя эту молитву. Локотков и шептал ее, а между тем к роковым скамейкам было отделено человек двадцать. Калатузов был избавлен от общей участи. Он стоял в ряду с большими, к которым могли относиться одни увещательные меры. Над маленькими началась экзекуция. Я был в числе счастливых и стоял зрителем ужасного для меня тогда зрелища. Стоны, вопли, слезы и верченья истязуемых детей поднимали во мне всю душу. Я сперва начал плакать слезами, но вдруг разрыдался до истерики. Меня хотели выбросить вон, но я крепко держался за товарищей, стиснул зубы и решился ни за что не уходить. Мне казалось, что происходит дело бесчеловечное, за которое все мы, как рыцари, должны были вступиться. Высечены уже были два мальчика и хотели наказывать третьего. В это время Локотков, белее полотна, вдруг начал шевелиться, и чуть только раздался свист прутьев над третьим телом, он быстро выскочил вперед и заговорил торопливым, бессвязным голосом:

– Позвольте, позвольте... это я бросил сало...

ГЛАВА СЕМНАДЦАТАЯ

Кухтин перестал сечь, тевтонский клюв директора вытянулся, и он сквозь очки остро воззрился на бледного Локоткова; в группе учеников пробежал тихий ропот, и на мгновение все затихло.

– Ты? – спросил директор. – Ты сам сознаешься?

– Я, – твердо отвечал Локотков. – Я сам сознаюсь: секите меня одного.

– Он? – обратился директор к ученикам.

Дети молчали. Некоторые, только покашливая, слегка подталкивали друг друга. На нескольких лицах как бы мелькнула какая-то нехорошая решимость, но никто не сказал ни слова.

– А, вы так! – сказал директор. – Тогда я буду сечь вас всех, всех, поголовно всех.

И – представьте себе мою прелестнейшую минуту в этом гадком воспоминании! – нас всех, маленьких детей, точно проникла одна электрическая искра, мы все рванулись к Локоткову и закричали:

– Да, да, секите нас всех, всех секите, а не его!

Директор закричал, затопал, дал нескольким ближе к нему стоявшим звонкие пощечины, и тут вдруг начальство перешло от угрозы к самым лукавым соблазнам.

– Это не может быть, – сказал директор, – чтобы вы все были так безнравственны, низки, чтобы желать подвергнуть себя такому грубому наказанию. Я уверен, что между вами есть благородные, возвышенные характеры, и начальство вполне полагается на их благородство: я отношусь теперь с моим вопросом именно только к таким, и кто истинно благороден, кто мне объяснит эту историю, тот поедет домой сейчас же, сию же минуту!

Едва кончилась эта сладкая речь, как из задних рядов вышел Калатузов и начал рассказывать все по порядку ровным и тихим голосом. По мере того как он рассказывал, я чувствовал, что по телу моему рассыпается как будто горячий песок, уши мои пылали, верхние зубы совершенно сцеплялись с нижними; рука моя безотчетно опустилась в карман панталон, достала оттуда небольшой перочинный ножик, который я тихо раскрыл и, не взвидя вокруг себя света, бросился на Калатузова и вонзил в него…

Это было делом одного мгновения, пред которым другие три или четыре мгновения я не давал себе никакого отчета. Я опомнился и пришел в себя спустя три недели в незнакомой мне комнате и увидел пред собою доброе, благословенное лицо моей матери. У изголовья моего стоял маленький столик с лекарственными бутылочками; окна комнаты были завешены; везде царствовал полусвет. В углу моя няня тихо мочила в полоскательной чашке компрессы. Я хотел что-то сказать, но мать погрозила мне пальцем и положила этот бледный палец на мои почерневшие губы.

– Я знаю, чту ты хочешь спросить, – сказала мне мать. – Забудь все: мы теперь живем здесь в гостинице, а туда ты больше не поедешь.

Меня взяли из заведения и отвезли в другое, в Москву, где меня не били, не секли, но где зато не было пленявшего меня рыцарского духа. Отсюда, семнадцати лет, я выдержал экзамен в Московский университет. Я был смирен и тих; боялся угроз, боялся шуток, бежал от слез людских, бежал от смеха и складывался чудаком; но от сюрпризов и внезапностей все-таки не спасался; напротив, по мере того как я подрастал, сюрпризы и внезапности в моей жизни все становились серьезнее и многозначительнее. Начинаю вам теперь мой университетский анекдот: отчего я хорошо учился, но не доучился.

ГЛАВА ВОСЕМНАДЦАТАЯ

Время моего студенчества было славное время Московского университета, про которое нынче так кстати и некстати часто вспоминает наша современная литература. Я с самого первого дня был одним из прилежнейших фуксов. Домой к матушке я ездил только однажды в год. Один раз я уже гостил у ней, несказанно радуя ее моим голубым воротником; другая побывка домой предстояла мне следующим летом. Переписывались мы с матушкой часто; она была покойна и очень довольна своим положением у дяди: он был чудак, но человек предобрый, что, однако, не мешало ему порою сердить и раздражать мою мать. Так, он, например, в тот год как я был в университете, в Светлый праздник прислал матери самый странный подарок: это был запечатанный конверт, в котором оказался билет на могильное место на монастырском кладбище. Шутка с этим подарком необыкновенно встревожила мою немного мнительную мать; она мне горько жаловалась на дядино шутовство и видела в этом что-то пророческое. Я ее успокаивал, но без успеха.

Между тем, в ожидании лета, когда я снова надеялся увидеться с матушкой, я должен был переменить квартиру. Это обусловливалось случайностию. В семейство, в котором я жил, приехала одна родственница, и комната, которую я занимал, понадобилась хозяевам. Я пустился на поиски себе нового жилища. Дело это, конечно, не трудное и не головоломное, но злая судьба меня подстерегала. Должно вам сказать, что в первый раз, когда я пустился на эти поиски, мне мерещилось, как бы я не попал в какое-нибудь дурное место. Я знал много рассказов о нехороших людях, нехороших обществах и боялся попасть в эти общества, частью потому, что не любил их, чувствовал к ним отвращение, частью же потому, что боялся быть обиженным. Я всегда был характера кроткого и прошу вас не судить обо мне по моей гимназической истории. Нож и меч вообще руке моей не свойственны, хотя судьба в насмешку надо мною влагала в мои руки и тот, и другой. Я мог вспыхивать только на мгновение, но вообще всегда был человеком свойств самых миролюбивых, и обстоятельства моего детства и отрочества сделали меня даже меланхоликом и трусом до того, что я – поистине вам говорю – боялся даже переменить себе квартиру. Но это было необходимо: я крайне стеснял увеличившуюся семью моего хозяина до того, что он шутя сказал мне:

– Ну, дружок, Орест Маркович, воля твоя, а если честью от нас не выйдешь, я тебя с полицией вытравлю!

Удалиться было необходимо, и я на это решился…

ГЛАВА ДЕВЯТНАДЦАТАЯ

И вот не успел я выйти на свои поиски, как вижу, передо мною вдруг стала какая-то старушка.

– Батюшка мой, – говорит, – не квартиру ли ищешь?

«Господи, словно благодетельная волшебница, – думаю, – узнала, в чем я затрудняюсь, и стремится помочь мне».

– Да, – говорю, – вы отгадали: я ищу квартиру.

– А у нас, голубчик, тут в доме для тебя как раз есть прекрасная комната.

И с этим словом добродушная старушка взяла меня за руку и подвела меня к обитой чистою зеленою клеенкой двери, на которой была медная дощечка, в тогдашнее время составлявшая еще в Москве довольно замечательную редкость. На этой дощечке французскими литерами было написано: «Léonide Postelnikoff, Capitaine».

– Вот тут он, – говорит, – родной мой, Леонид-то Григорьевич. Он ей, Марье Григорьевне, хозяйке нашей, брат доводится. Ты звякни, он и отопрется.

И с этими словами старушка сама позвонила и добавила:

– Она теперь сама-то, Марья Григорьевна, потерямши мужа, в расстройстве, а он ее делами управляет; он и комнату сдает; с ним покалякай, и тебе здесь хорошо-прехорошо будет.

За стеной послышались шаги, щелкнула задвижка, и в дверях показался высокий человек, одетый в серый нанковый казакин. По усам, по полувоенному казакину и по всей манере в этом человеке нетрудно было узнать солдата.

– К барину они, Клим Степанович, – заговорила к нему моя старушка. – Квартиру у Марьи Григорьевны снять желают.

И, толкнув меня в спину, старушка зашлепала вниз по лестнице, а я очутился в небольшой светлой передней, в которой меня прежде всего поразила необыкновенно изящная чистота и, так сказать, своеобразная женственность убранства. Так, в этой передней стоял мягкий диванчик, обитый светленьким ситцем; вешалки не было, но вместо нее громоздился высокий платяной шкаф, как бывает в небольших квартирах, где живут одинокие женщины. Возле шкафа, на столике, стоял поднос с графином свежей воды и двумя стаканами. На окне были два горшка гортензий и чистенькая проволочная клетка с громко трещавшею калужской канарейкой, а в углу – пяльцы.

Из дверей открылась другая комната, более обширная и окрашенная розовою краской самого приятного цвета. Чистота этой комнаты еще более бросалась в глаза. Крашеные полы были налощены, мебель вся светилась, диван был весь уложен гарусными подушками, а на большом столе, под лампой, красовалась большая гарусная салфетка; такие же меньшие вышитые салфетки лежали на других меньших столиках. Все окна уставлены цветами, и у двух окон стояли два очень красивые, самой затейливой по тогдашнему времени работы дамские рабочие столика: один темного эбенового дерева с перламутровыми инкрустациями, другой – из мелкого узорного паркета.

Человек в сером казакине ввел меня в эту комнату и, попросив подождать, ушел в другую дверь, далее. Дверь эта была полуотворена и открывала покой еще более веселый и светлый: светло-голубые, небесного цвета стены его так и выдвигались. Всего убранства этого нового покоя я не мог рассмотреть, потому что видел только один уголок, но заметил там и горки, и этажерки, и статуэтки. Судя по обстановке квартиры, я решительно не мог объяснить себе, куда это я попал. Но прежде чем пришел на этот счет к каким-нибудь определенным заключениям, человек в сером казакине попросил меня в кабинет.

«Так это кабинет», – подумал я и, направясь по указанию, очутился в этой небесной комнате, приюту и убранству которой в самом деле можно было позавидовать. Та же несказанная, невыразимая чистота, светлая, веселенькая мебель, какая уже теперь редко встречается или какую можно только встретить у охотников работать кольками; вся эта мебель обита светлым голубым ситцем, голубые ситцевые занавесы, с подзорами на окнах, и дорогой голубой шелковый полог над широкою двуспальной постелью. По углам были, как я сказал, везде горки и этажерки, уставленные самыми затейливыми фигурками, по преимуществу женскими и, разумеется, обнаженными. Дорогой полог над кроватью был перетянут через толстое золотое кольцо, которое держал в лапах огромный вызолоченный орел. В углу был красивый трехъярусный образник и пред ним темного дерева аналой с зелеными бархатными подушками. Словом, это было маленькое небо; недоставало только небожителя. Но и его собственно не недоставало: он был тоже здесь налицо, но только я его сразу не рассмотрел.

ГЛАВА ДВАДЦАТАЯ

– Ах, приношу вам сто извинений! – услышал я почти из-за своего собственного плеча и, обернувшись, увидел пред дамским туалетом, какой привык видеть в спальне моей матери... как вам сказать, кого я увидел? Иначе не могу выразиться, как увидел уже самого настоящего купидона. Увидел и... растерялся, да и было отчего. Вы, конечно, помните, что я должен был встретить здесь капитана ; но представьте себе мое удивление, когда я увидел пред туалетом какое-то голубое существо – таки все-все сплошь голубое; голубой воротник, голубой сюртук, голубые рейтузы – одним словом, все голубое, с легкою белокурою головкой, в белом спальном дамском чепце, из-под которого выбивались небольшие золотистые кудерьки в бумажных папильотках. Я просто никак не мог себе уяснить, что это – мужчина или женщина. Но в это время купидон обернул ко мне свою усыпанную папильотками голову, и я увидел круглое, нежное, матовое личико с нежным пушком на верхней губе, защипнутым у углов уст вверх тоненькими колечками. За этою работой, за завертыванием усиков, я собственно и застал моего купидона.

– Приношу вам пятьсот извинений, что я вас принимаю за туалетом: я спешу сегодня в наряд, – заговорил купидон, – и у меня есть несколько минут на все сборы; но эти минуты все к вашим услугам. Мне сказали, что вы хотите занять комнату у сестры Маши? Это прекрасная комната, вы будете ею очень довольны.

– Да, – отвечал я, – мне нужна комната, и мне сказали…

– Кто вам сказал?

– Не знаю… какая-то старушка…

– Ах, это, верно, Авдотьюшка; да, у сестры прекрасная комната; сестра моя – это не из барышей отдает, она недавно овдовела, так только чтобы не в пустой квартире жить. Вам будет прекрасно: там тишина невозмутимая. Скучно, может быть?

– Я, – говорю, – этого не боюсь.

– А не боитесь, так и прекрасно; а соскучитесь – пожалуйте во всякое время ко мне, я всегда рад. Вы студент? Я страшно люблю студентов. Сам в университете не был, но к студентам всегда чувствую слабость. Да что! Как и иначе-то? Это наша надежда. Молодой народ, а между тем у них всё идеи и мысли… а притом же вы сестрин постоялец, так, стало быть, все равно что свой. Не правда ли?

Я очень затруднялся отвечать на этот поток красноречия, но купидон и не ждал моего согласия.

– Эй, Клим! – крикнул капитан. – Клим!

Он при этом ударил два раза в ладони и крикнул:

– Трубочку поскорее, трубочку и шоколад… Две чашки шоколаду… Вы выкушаете? – спросил он меня и, не дождавшись моего ответа, добавил: – Я чаю и кофе терпеть не могу: чай действует на сердце, а кофе – на голову; а шоколад живит… Приношу вам тысячу извинений, что мы так мало знакомы, а я позволяю себе шутить.

С этими словами он схватил меня за колено, приподнялся, отодвинул немного табуретку и, придвинувшись к зеркалу, начал тщательно вывертывать из волос папильотки.

– Приношу вам две тысячи извинений, что задерживаю вас, но все это сейчас кончится… мне и самому некогда… Клим, шоколаду!

Клим подал шоколад.

Я поблагодарил.

– Нет, пожалуйста! У нас на Руси от хлеба-соли не отказываются. В

Англии сорок тысяч дают, чтоб было хлебосольство, да нет, – сами с голоду умирают, а у нас отечество кормит. Извольте кушать.

Делать было нечего, я принял чашку.

ГЛАВА ДВАДЦАТЬ ПЕРВАЯ

– Вон ваша комната-то, всего два шага от меня, – заговорил капитан. – Видите, на извозчика ко мне уж немного истратите. Вон видите тот флигель, налево?

Я приподнялся, взглянул в окно и отвечал, что вижу.

– Нет, вы подойдите, пожалуйста, к окну.

– Да я и отсюда вижу.

– Нет, вы подойдите; тут есть маленький фокус. Видите – прекрасный флигелек. У нас, впрочем, и вообще весь двор в порядке. Прежде этого не было. Хозяйка была страшная скареда. Я здесь не жил; сестра моя здесь прежде поселилась; я к ней и хаживал. Хозяйка, вот точно так же как сестра теперь, лет пять тому назад овдовела. Купчиха ничего себе – эдакая всегда довольно жантильная была, с манерами, потому что она из актрис, но тяготилась и вдовством, и управлять домом; а я, как видите, люблю жить чисто, – не правда ли? Что? Я ведь, кажется, чисто живу? Правда-с?

– Да, – отвечаю я, – правда.

– Кажется, правда, и это с самого детства. Познакомитесь с сестрой, она вам все это расскажет; я всегда любил чистоту и еще в кадетском корпусе ею отличался. Кто там что ни говори, а военное воспитание… нельзя не похвалить его; разумеется, не со всех сторон: с других сторон университет, может быть, лучше, но с другой стороны… всегда щеточка, гребенка, маленькое зеркальце в кармане, и я всегда этим отличался. Я, бывало, приду к сестре, да и говорю: «Как это у вас все грязно на дворе! Пять тысяч извинений, говорю, приношу вам, но просто в свинушнике живете». Хозяйка иногда хаживала к сестре… ну, и… сестра ей шутила: «вот, говорит, вам бы какого мужа». Шутя, конечно, потому что моя сестра знает мои правила, что я на купчихе не женюсь, но наши, знаете, всегда больше женятся на купчихах, так уж те это так и рассчитывают. Однако же я совсем не такой, потому что я к этой службе даже и неспособен; но та развесила уши. Ну куда же, скажите пожалуйста, мне жениться – приношу вам двадцать тысяч извинений, – да еще жениться на купчихе?.. Нет, говорю, я жениться не могу, но порядок действительно моя пассия, и домом управлять я согласен. Она мне и предложила вот эту квартиру. Квартира, конечно, очень не велика. Передняя, что вы видели, зал, да вот эта комната; но ведь с одного довольно, а денщик мой в кухне; но кухоньку выправил, так что не стыдно; Клим у меня не так, как у других. Вот вы его видели; спросите его потом когда-нибудь, пожалуется ли он на меня? Клим! – крикнул он громко. – Клим!

В дверях показался серый Клим.

– Доволен ты мной или нет? Не бойся меня, отвечай им так, как бы меня здесь не было.

– Много доволен, ваше благородие, – отвечал денщик.

– Ах ты, скотина!

Постельников самодовольно улыбнулся и, махнув денщику рукою, добавил:

– Ну, и только, и ступай теперь к своему месту, готовь шинель. На меня никто не жалуется, – продолжал капитан, обратясь ко мне. – Я всем, кому я что могу сделать, – делаю. Отчего же, скажите, и не делать? Ведь эгоизм, – я приношу вам сто тысяч извинений, – я ваших правил не знаю, но я откровенно вам скажу, я терпеть не могу эгоистов.

ГЛАВА ДВАДЦАТЬ ВТОРАЯ

Поток этих слов был сплошной и неудержимый и даже увлекательный, потому что голос у Леонида Григорьевича был необыкновенно мягкий, тихо вкрадчивый, слова, произносимые им, выходили какие-то кругленькие и катились, словно орешки по лубочному желобку. На меня от его говора самым неприличным образом находил неодолимейший магнетический сон. Под обаянием этого рокота я даже с удовольствием сидел на мягком кресле, с удовольствием созерцал моего купидона и слушал его речи, а он продолжал развивать передо мной и свои мысли, и свои папильотки.

– Хозяйка, – продолжал он, – живет тут внизу, но до нее ничто не касается; всем управляю я. И сестра теперь тоже, и о ней надо позаботиться. У меня, по правде сказать, немалая опека, но я этим не тягощусь, и вы будьте покойны. Вы сколько платили на прежней квартире?

Я сказал, сколько я платил.

– О, мы устроим вас у сестры даже гораздо дешевле и, верно, гораздо лучше. Вы студент, а в той комнате, где вы будете жить, все даже располагает к занятиям. Я оттуда немножко отдаляюсь, потому что я жизнь люблю, а сестра теперь, после мужниной смерти, совсем, как она говорит, «предалась Богу»; но не суди — да не суждён будеши. Впрочем, опять говорю, там бесов изгоняют ладаном, а вы если когда захотите посмотреть бесов, ко мне милости просим. Я, знаете, живу молодым человеком, потому что юность дважды не приходит, и я вас познакомлю с прекрасными дамочками... я не ревнив; нет, что их ревновать!

Он, махнув рукой, развернул последнюю папильотку и, намочив лежавшее возле него полотенце одеколоном, обтер себе руки и заключил:

— А теперь прошу покорно в вашу комнату. Времени уже совсем нет, а мне еще надо завернуть в одно местечко. Клим! — громко крикнул он, хлопнув в ладоши, и, пристегнув аксельбанты, направился чрез гостиную.

Я шел за ним молча, не зная на что и для чего я все это делал. В передней стоял Клим, держа в руках серую шинель и фуражку. Хозяин мой взял у него эту шинель из рук и молча указал ему на мою студенческую шинель; я торопливо накинул ее на плечи, и мы вышли, прошли через двор и остановились у двери, обитой уже не зеленою сияющею клеенкой, а темным, толстым, серым сукном. Звонок здесь висел на довольно широком черном ремне, и когда капитан потянул за этот ремень, нам послышался не веселый, дребезжащий звук, а как бы удар маленького колокола, когда он ударяет от колеблемой ветром веревки. Прошла минута, нам никто не отворял, Постельников снова дернул за ремень. Снова раздался заунывный звук, и дверь неслышным движением проползла по полу и распахнулась. Пред нами стояла старушка, бодренькая, востроносенькая, покрытая темным коричневым платочком. Капитан осведомился, дома ли сестра и есть ли у нее кто-нибудь.

— Есть-с, — отвечала старушка.

— Монахи?

— Отец Варлаамий и Евстигнея с Филаретушкой.

— Ну, вот и прекрасно! Пусть они себе там и сидят. Скажи: постояльца рекомендую знакомого. Это необходимо, — добавил он мне шепотом и тотчас же снова начал вслух: — Вот видите, налево, этот коридор? там у сестры три комнаты; в двух она живет, а третья там у нее образная; а это вот прямо дверь — тут кабинет зятев был; вот там в нее и ход; а это и есть ваша комната. Глядите, — заключил он, распахивая передо мной довольно высокие белые двери в комнату, которую действительно можно было назвать прекрасною.

ГЛАВА ДВАДЦАТЬ ТРЕТЬЯ

Комната, предлагаемая мне голубым купидоном, была большой наугольный покой в два окна с одной стороны, и в два – с другой. Весь он выходил в большой густой сад, деревья которого обещали весной и летом много прохлады и тени. Стены комнаты были оклеены дорогими коричневыми обоями, на которых миллион раз повторялась одна и та же буколическая сцена между пастухом и пастушкой. В углу стоял большой образ, и пред ним тихо мерцала лампада. Вокруг стен выстроилась тяжелая мебель красного дерева с бронзой, обитая темно-коричневым сафьяном. Два овальные стола были покрыты коричневым сукном; бюро красного дерева с бронзовыми украшениями; дальше письменный стол и кровать в алькове, задернутая большим вязаным ковром; одним словом, такая комната, какой я никогда и не думал найти за мои скромные деньги. Неудобств, казалось, никаких.

Несмотря на то, что мы только что вступили в эту комнату, тишина ее уже оказывала на меня свое приятное действие. Это действительно была глубокая и спокойная тишина, охватывающая собой человека с первой же минуты. Вдобавок ко всему этому в комнате слышался слегка запах росного ладану и смирны, что я очень люблю.

Капитан Постельников заметил, что этот запах не ускользнул от меня, и сказал.

– Запахец, конечно, есть; но как на чей взгляд, а на мой все-таки это не бог весть какое неудобство. А зато, я вам говорю, эта Василиса – старушка, которую вы видели, – предобрая, и сестра предобрая. Богомольная только, ну да что же вам до этого? Я, разумеется, не знаю ваших правил, но я никогда открыто против религии не возражаю. К чему? Всех вдруг не просветишь. Это все само собой имеет свое течение и окончится. Я богомольным не возражаю. Вы даже, может быть, заметили, у меня у самого есть лампады? Я их сам жгу. Что же такое? Это ведь в существе ничему не мешает, а есть люди, для которых это очень важно... Вы можете этому не поверить, но это именно так; вот, недалеко ходить, хоть бы сестра моя, рекомендую: если вы с ней хорошенько обойдетесь да этак иногда кстати пустите при ней о чем-нибудь божественном, так случись потом и недостаток в деньгах, она и денег подождет; а заговорите с ней по-модному, что «мол Бог – пустяки, я знать Его не хочу», или что-нибудь такое подобное, сейчас и провал, а... а особенно на нашей службе... этакою откровенностию даже все можно потерять сразу.

– Сестра! – крикнул капитан, стукнув в стену, – вели Василисе чрез два часа здесь все освежить, к тебе придет твой постоялец, мой хороший знакомый. Это необходимо, – опять сказал он мне шепотом.

– А как вас зовут?

Я назвал мое имя.

– Его зовут Орест Маркович Ватажков; запиши у себя, а теперь мы с ним едем. – И с этим Постельников надел посреди комнаты фуражку и повлек меня за собою.

ГЛАВА ДВАДЦАТЬ ЧЕТВЕРТАЯ

Через ту же лестницу мы снова спустились на двор, где я хотел раскланяться с Постельниковым, не имея, впрочем, никакого определенного плана ни переезжать на квартиру к его сестре, ни улизнуть от него; но Леонид Григорьевич предупредил меня и сказал:

– Нет, вы что же? разве вы куда-нибудь спешите?

– Да, немножко.

– Ну, немножко ничего… Вы в какую сторону?

Я сказал.

– Ах, боже мой, нам почти по дороге. Немножко в сторону, да отчего же? Для друга семь верст не околица, а я – прошу у вас шестьдесят тысяч извинений – может быть, и не имею еще права вполне называться вашим другом, но надеюсь, что вы не откажете мне в небольшой услуге.

– Охотно, – говорю, – если только могу.

– О, очень можете, а я вам сделаю услугу за услугу.

С этими словами мы снова очутились у знакомой зеленой двери капитановой квартиры. Он нетерпеливо дернул звонок и, вскочив на минуту, действительно тотчас же выскочил назад. В руках его была женская картонка, в каких обыкновенно модистки носят дамские шляпы, большой конверт и длинный тонкий сверток. Из этого свертка торчала зонтичная ручка.

– Вот, – обратился он ко мне, – потрудитесь это подержать, только держите осторожнее, потому что тут цветы, а тут, – я, разумеется, приношу вам сто тысяч извинений, но ведь вам уже все равно, – так тут зонтик. Но, боже мой, что же это такое? – воскликнул капитан, взглянув на этот зонтик. – Вот проклятая рассеянность! Эта проволочка так и осталась не спиленною! Клим, скорее напилок! – И капитан быстро, одним движением сбросил с себя шинель, присел верхом на стул, с большим мастерством укрепил к столбику стула зонтик и начал быстро отпиливать небольшой кусок проволоки.

— Я люблю эту работу, — говорил он мне между делом. — Я вам скажу: в наши лета все в магазинах для дам покупать — это, черт возьми, накладно, да и что там купишь? Все самое обыкновенное и втридорога; а я этак все как-нибудь у Сухаревой башни да на Смоленском... очень приятно, вроде прогулки, и вещи подержанные недорого, а их вот сам починю, выправлю и презентую... Вы увидите, как мы заживем, — жаловаться не будете. Я вот вас сейчас подвезу до Никитских ворот и попрошу о маленьком одолжении, а сам поскорее на службу; а вы зато заведете первое знакомство, и в то же время вам будет оказана услуга за услугу.

Я совсем не знал, что со мною делают. У подъезда стояла гнедая лошадка, запряженная в небольшие дрожечки.

Мы сели и понеслись. Во всю дорогу до Никитских ворот капитан говорил мне о своем житье, о службе, о бывающих у него хорошеньких женщинах, о том, как он весело живет, и вдруг остановил кучера, указал мне на одни ворота и сказал:

— Вот тут я вас усердно прошу спросить прямо по лестнице, в третьем этаже, перчаточницу Марью Матвеевну; отдайте ей эти цветы и зонтик, а коробочку эту Лизе, блондинке; приволокнитесь за нею смело: она самое бескорыстнейшее существо и очень влюбчива, вздохните, глядя ей в глаза да руку к сердцу, она и загорится; а пока au revoir[13].

И прежде чем я нашелся что-нибудь ответить, капитан Постельников уже исчез из моих глаз.

ГЛАВА ДВАДЦАТЬ ПЯТАЯ

Должно вам сказать, что все эти поручения, которые надавал мне капитан Постельников, конечно, были мне вовсе не по нутру, и я, несмотря на всю излишнюю мягкость моего характера и на апатию, или на полусонное состояние, в котором я находился во все время моих разговоров с капитаном, все-таки хотел возвратить ему все эти порученности; но, как я сказал, это было уже невозможно.

Следующею мыслью, которая мне пришла за этим, было возвратиться назад и отнести все это на его квартиру и отдать его Климу. Я находил, что это всего достойнее; но, к крайнему моему удивлению, сколько я ни

---

[13] До свиданья (франц.)

звонил у капитанской двери, мне ее никто не отпер. Я отправился было в квартиру его сестры, но здесь на двукратно повторенный мною звонок мне отпер двери полный румяный монах и с соболезнующим взглядом в очах проговорил:

— Великодушно извините: Марья Григорьевна позатрапезно опочили, услужающих их дома нет, а мы, приходящие, ничего принять не можем.

Черт знает что такое. Э, думаю, была не была, пойду уж и сдам скорей по адресу.

И вот я снова взял извозчика и поехал к Никитским воротам.

Нет никакой нужды рассказывать, что за особ встретил я в тех девицах, которым я передавал посланные через меня вещи. Довольно сказать, что все это было свежо, молодо — и, на тогдашний юный, неразборчивый мой вкус, очень и очень приглядно, а главное — бесцеремонно и простодушно. Я попал на именины и хотел, разумеется, сейчас же отсюда уйти; но меня схватили за руки и буквально силой усадили за пирог, а пока ели пирог, явился внезапно освободившийся от своих дел капитан Постельников и с ним мужчина с страшными усищами: это был поэт Трубицын. Кончилось все это для меня тем, что я здесь впервые в жизни ощутил влияние пиршества, в питье дошел до неблагопристойной потребности уснуть в чужом доме и получил от Трубицына кличку «Филимон-простота», — обстоятельство ничтожное, но имевшее для меня, как увидите, самые трагические последствия.

ГЛАВА ДВАДЦАТЬ ШЕСТАЯ

Проснувшись перед вечером на диване в чужой квартире, я быстро вскочил и с жесточайшею головною болью бросился скорей бежать к себе на квартиру; но представьте же себе мое удивление! только что я прихожу домой на свою прежнюю квартиру, как вижу, что комнату мою тщательно прибирают и моют и что в ней не осталось уже ни одной моей вещи, положительно, что называется, ни синя пороха.

— Как же и куда все мое отсюда делось?

— А ваше все, — отвечают, — перевез к себе капитан Постельников.

— Позвольте-с, — говорю, — позвольте, что это за вздор! как капитан Постельников перевез? Этого быть не может.

— Нет-с, — говорят, — действительно перевез.

— Да по какому же праву, — говорю, — вы ему отпустили мои вещи?

Но вижу, что предстоящие после этого вопроса только рты разинули и стоят передо мною как удивленные галчата.

– По какому праву? – продолжаю я добиваться.

– Капитану-то Постельникову? – отвечают мне с смущением.

– Да-с.

– Капитану Постельникову по какому праву?

– Ну да: капитану Постельникову по какому праву?

Галчата и рты замкнули: дескать, на тебя, брат, даже и удивляться не стоит.

– Вот, – говорят, – чубучок ваш с змеиными головками капитана Постельникова денщик не захватил, так извольте его получить.

Я рассердился, послал всем мысленно тысячу проклятий, надел шинель и фуражку, захватил в руки чубучок с змеиными головками и повернулся к двери, но досадно же так уйти, не получа никакого объяснения. Я вернулся снова, взял в сторонку мать моего хозяина, добрейшую старушку, которая, казалось, очень меня любила, и говорю ей:

– Матушка, Арина Васильевна! Поставьте мне голову на плечи: расскажите, зачем вы отдали незнакомому человеку мои вещи?

– Да мы, дитя, думали, – говорит, – что сынок мой Митроша на тебя жалобу приносил, что ты квартиры не очищаешь, так что тебя по начальству от нас сводят.

– Ах, Арина Васильевна, да разве, мол, это можно, чтобы ваш сын на меня пошел жаловаться? Ведь мы же с ним приятели.

– Знаю, – говорит, – ангел мой, что вы приятели, да мы думали, что, может быть, он в шутку это над тобой пошутил.

– Что это: жаловаться-то, – говорю, – он в шутку ходил?

– Да.

– Арина Васильевна, да нешто этак бывает? Нешто это можно?

Арина Васильевна только растопырила руки и бормочет:

– Вот, говори же, – бает, – ты с нами! – мы сами, дитя, не знаем, что у нас было в думке.

Я махнул рукой, захватил опять чубучок, сухо простился и вышел на улицу.

ГЛАВА ДВАДЦАТЬ СЕДЬМАЯ

Не могу вам рассказать, в каком я был гадком состоянии духа. Разыгранная со мною штука просто сбила меня с пахвей, потому что я, после своего неловкого поведения у знакомых дам капитана, ни за что не расположен был жить у его сестры и даже дал было себе слово никогда не видать его. Комната мне нравилась, и я ничего не имел против нее, но я имел много против капитана; мне его предупредительность была не по нутру, а главное, мне было чрезвычайно неприятно, что все это сделалось без моей воли. Но я мог сердиться сколько мне угодно, а дело уже было сделано.

Досада объяла меня несказанная, и я, чтобы немножко поразвлечься и порассеяться и чтобы не идти на новую квартиру, отправился бродить по Москве.

Я ходил очень долго, заходил в несколько церквей, где тупо и бессознательно слушал вечернюю службу, два или три раза пил чай в разных трактирах, но, наконец, деваться более было некуда. На дворе уже совсем засумерчило, и по улицам только изредка кое-где пробегали запоздалые чуйки; бродить по улицам стало совсем неловко. Я подошел к одному фонарю, вынул мои карманные часы: было одиннадцать часов. Пора было на ночлег; я взял извозчика и поехал на мою новую квартиру. К удивлению моему, у ворот ждал меня дворник; он раскрыл передо мною калитку и вызвался проводить меня по лестнице с фонариком, который он зажег внизу, в своей дворницкой. Ремень, приснащенный к звонку моей квартиры, был тоже необыкновенно чуток и послушен: едва я успел его потянуть, как дверь, шурша своим войлочным подбоем, тихо отползла и приняла меня в свои объятия. В передней, на полочке, тихо горел чистенький ночничок. Комната моя была чиста, свежа; пред большим образом спасителя ярко сияла лампада; вещи мои были разложены с такой аккуратностью и с таким порядком, с каким я сам разложить их никогда не сумел бы. Платье мое было развешено в шкафе; посреди стола, пред чернильницей, лежал мой бумажник и на нем записка, в которой значилось: «Денег наличных 4 руб. ассигнациями, 4 целковых и серия», а внизу под этими строками выдавлена буква «П», по которой я узнал, что всею этой аккуратностью в моей комнате я был обязан тому же благодатному Леониду Григорьевичу.

«И скажите, пожалуйста, – рассуждал я себе, – когда он все это делал? Я раскис и ошалел, да слоны слонял по Москве, а он как ни в чем не бывал, и еще все дела за меня попеределал!»

Я отдернул альков моей кровати и увидел постель, застланную ослепительно чистым бельем. Думать мне ни о чем больше не хотелось; переехал так переехал, или перевезли так перевезли, – делать уж нечего, благо тихо, покойно, кровать готова и спать хочется. Я разделся, перекрестился, лег и заснул в ту же самую минуту, как только упал головой на подушки. Занавески, которою отделялся мой альков, я не задернул, потому что, ложась, надеялся помечтать при свете лампады; но мечтанья, по поводу внезапного крепкого сна, не случилось; зато около полуночи меня начал осенять целый рой самых прихотливых сновидений. Мы с Постельниковым не то летели, не то валились на землю откуда-то совсем из другого мира, не то в дружественных объятиях, не то в каком-то невольном сцеплении. Я был какой-то темный, неопределенный; он такой же голубой, каким я его видел и каким он мне только и мог представляться; но у него, кроме того, были большие влажные крылышки; помахивая ими, он меня словно всего склеивал, и свист от взмахов этих крыльев и сладостно и резко раздавался в моем слухе. Затем вдруг мы очутились в этой самой комнате и ездили по ней долго и долго, пока вдруг капитан дал мне в нос щелчок, и я проснулся.

ГЛАВА ДВАДЦАТЬ ВОСЬМАЯ

Пробуждение мое было удивительно не менее самого сна. Во-первых, я увидел над собою – кого бы вы думали? Точно так, как бывало в моем детстве, я увидел над моим изголовьем свежего, воскового купидона, привешенного к алькову моей кровати. У купидона под крылышками была бархатная ермолочка на розовой шелковой подкладке, а на ней пришпилена бумажка, опять точно так же с надписью, как бывало во время моего детства. Это меня поразило. Я приподнялся с кровати и с некоторым удовольствием устремил глаза мои на бумажку. На ней было написано: «Оресту Марковичу Ватажкову на новоселье, в знак дружбы и приязни. Постельников».

«Черт знает, чего этот человек так нахально лезет ко мне в дружбу?» – подумал я и только что хотел привстать с кровати, как вдруг двери моей комнаты распахнулись, и в них предстал сам капитан Постельников. Он нес большой крендель, а на кренделе маленькую вербочку. Это было продолжение подарков на мое новоселье, и с этих пор для меня началась новая жизнь, и далеко не похвальная.

ГЛАВА ДВАДЦАТЬ ДЕВЯТАЯ

По моему безволию и малохарактерности я, конечно, сблизился с капитаном Постельниковым безмерно и зато стал заниматься науками гораздо менее и гораздо хуже, чем прежде. Все свое время я проводил у моего голубого купидона и перезнакомился у него с массою самых нестрогих лиц женского пола, которых в квартире Постельникова было всегда как мошек в погожий вечер. Это преимущественно были дамы и девицы не без пятен и не без упреков. Постельников был женский любимец и, как настоящий любимец женщин, он не привязывался решительно ни к одной из них и третировал их en canaille[14], но в то же время лукаво угождал всем им всевозможными мелкими, нежными услугами. Он и меня втирал в особенное ко многим из этих дам расположение, отказываться от которого, при тогдашних юных моих летах, я не всегда был в состоянии. Сближение мое с этой женской плеядой, которую я едва в силах возобновить в своей памяти, началось со свадьбы той самой Тани или Лизы, которой я возил цветы. Она выходила замуж за какого-то чиновника. Постельников был у нее посаженым отцом и поднес живую розу, на которой были его же живые стихи, которые я до сих пор помню. Там было написано:

Розе розу посвящаю,
Розе розу я дарю,
Розу розой украшаю,
Чтобы шла так к алтарю.

На этой свадьбе, помню, произошел небольшой скандальчик довольно странного свойства. Постельников и его приятель, поэт Трубицын, увезли невесту из-под венца прямо в Сокольники и возвратили ее супругу только на другой день… Жизнь моя вся шла среди подобных историй, в которых, впрочем, сам я был очень неискусен и слыл «Филимоном».

Так прошел целый год, в течение которого я все слыл «Филимоном», хотя, по правде вам сказать, мне, как бы по какому-то предчувствию, кличка эта жестоко не нравилась, и я употреблял всяческие усилия, чтобы ее с себя сбросить. Я и пил вино, и делом своим не занимался, и в девичьем вертограде ориентировался, а поэт Трубицын и другие наши общие друзья как зарядили меня звать «Филимоном», так и зовут. Ну, думаю: враг вас побери, зовите себе как хотите! Перестал об этом думать и даже начал совершенно равнодушно отзываться на кличку, бесправно заменившую мое крещеное имя.

Однако я должен вам сказать, что совесть моя была неспокойна: она возмущалась моим образом жизни, и я решил во что бы то ни стало выбраться из этой компании; дело стояло только за тем, как к этому

---

[14] Пренебрежительно (франц.)

приступить? Как сказать об этом голубому купидону и общим друзьям?.. На это у меня не хватило силы, и я все откладывал свое решение день ото дня в сладостной надежде, что не подвернется ли какой счастливый случай и не выведет ли он меня отсюда, как привел?

Избрав себе такой выжидательный способ действий, я не ошибся в моих надеждах на благодетельный случай: он не заставил себя долго ожидать и явился именно яко тать в нощи. Этим распочинается самая скверная полоса, закончившая собою первую половину моей жизни.

ГЛАВА ТРИДЦАТАЯ

Один раз, проводив от всенощной одну из своих знакомых дам, я под мелким, частым дождем возвратился домой и, отворив свою дверь, – остолбенел. В передней у меня сидели рядом два здоровенных солдата в голубых шинелях, а двери моей комнаты были связаны шнурком, на котором болталась на бумажке большая красная печать. Меня так и откинуло назад в сени. Не забудьте, что в тогдашнее время увидеть в своей комнате голубого солдата было совсем не то, что теперь, хотя и теперь, конечно, это визит не из особенно приятных, но тогда... это спаси боже что значило! Мне тотчас же представилась тройка, которая мчит меня бог весть куда, где я пропаду без вести и сгину неведомый ни матери, ни родным, ни присным... И вот во мне вдруг пробудилась вообще мало свойственная мне жгучая энергия, твердая и непреклонная решимость спасаться: прежде чем подстерегавшие меня алгвазилы могли что-нибудь сообразить, я быстро скатился с лестницы и явился к Леониду Григорьевичу. Капитан Постельников теперь, в моем отчаянном положении, был единственный человек, у которого я мог просить какого-нибудь разъяснения и какой-нибудь защиты. Но его Клим отворил мне двери и объявил, что барина нет дома и что даже неизвестно, когда он возвратится, потому что они, говорит, «порют теперь горячку по службе».

– Лантрыганили, – говорит, – лантрыганили, а вот теперь им генерал дают проборку; они и порют горячку и на ночь навряд ли вернутся.

Положение мое делалось еще беспомощнее, и я решился во что бы то ни стало отсюда не выходить. Хотя, конечно, и квартира Леонида Григорьевича была не бог знает какое надежное убежище, но я предпочитал оставаться здесь, во-первых, потому, что все-таки рассчитывал на большую помощь со стороны Постельникова, а во-вторых, как известно, гораздо выгоднее держаться под самою стеной, с которой стреляют, чем отбегать от нее, когда вовсе убежать невозможно.

Тут, думал я, по крайней мере никто не вздумает искать, и выстрелы хотя на первое время, вероятно, пролетят над моею головой.

ГЛАВА ТРИДЦАТЬ ПЕРВАЯ

Изнывая и томясь в самых тревожных размышлениях о том, откуда и за что рухнула на меня такая напасть, я довольно долго шагал из угла в угол по безлюдной квартире Постельникова и, вдруг почувствовав неодолимую слабость, прикорнул на диванчике и задремал. Я спал так крепко, что не слышал, как Постельников возвратился домой, и проснулся уже, по обыкновению, в восемь часов утра. Голубой купидон в это время встал и умывался.

Расстроенный и взволнованный, я вбежал в его комнату и впопыхах объяснил ему, какая со мной случилась история.

Постельников с удивлением посмотрел на меня долгим пристальным взглядом и, вдруг что-то припомнив, быстро хватил себя по лбу ладонью и воскликнул:

– Ах, черт меня возьми, прости мне, бога ради, Филимоша, за мою дурацкую рассеянность, ведь это я забыл тебя предупредить. Успокойся – все это, дружок, пустяки!

– Позволь, – говорю, – как же мне успокоиться, когда меня сейчас могут сослать, и я даже не знаю за что?

– Пустяки это, Филимоша, все пустяки: арест – вздор, и сослать тебя никуда не сошлют, я тебе в том порука, что никуда тебя не сошлют.

– Так ты, – говорю, – расскажи мне, пожалуйста, в чем же меня подозревают, в чем моя вина и преступление, если ты это знаешь?

– «Если я знаю»? Чудак ты, Филимоша! Разумеется, я знаю; прекрасно, мой друг, знаю. Это все дело из пустяков: у тебя книжку нашли.

– Какую, какую нашли у меня книжку?

– Рылеева «Думы».

– Ну так что же, – говорю, – такое? Ведь это я у тебя же эту книжку взял.

– Ну, разумеется, – говорит, – у меня; я этого tête-a-tête[15] с тобою и не отвергаю…

---

[15] Наедине (франц.)

— Так позволь же, пожалуйста... что же это такое?.. Откуда же кто-нибудь мог узнать, что у меня есть эта книжка?

— А вот ты, — говорит, — не горячись, а сядь да имей терпение выслушать, так я тебе и расскажу.

Зная обильные потоки словотечения Леонида Постельникова и его неумение ничего рассказывать коротко и просто, я повиновался и, скрепя сердце, сел и страдальчески сложил на груди руки.

ГЛАВА ТРИДЦАТЬ ВТОРАЯ

— Видишь ли, — неспешно начал мой мучитель, основательно усаживаясь у туалета и приступая к распусканию своих папильоток, — видишь ли, про это, наконец, дознались...

— Да я, — говорю, — я именно это-то и хочу знать, каким образом могли дознаться про то, что я всего позавчера с глаз на глаз взял у тебя книжку?

— Душа моя, да зачем же, — говорит, — ты усиливаешься это постичь, когда это все именно так и устроено, что ты даже, может быть, чего-нибудь и сам не знаешь, а там о тебе все это известно! Зачем же тебе в это проникать?

— Нет, я, — говорю, — хочу знать, что же, где же я, с кем я и кто за мною шпионит?

— Ну, вот уж и «шпионит»! Какие у вас, право, глупые слова всегда наготове... Вот от этого-то мне и неудивительно, что вы часто за них попадаетесь... язык мой — враг мой. Что такое «шпионство»? Это обидное слово и ничего более. Шпион, соглядатай — это употребляется в военное время против неприятеля, а в мирное время ничего этого нет.

— Да позволь же, — говорю, — пожалуйста: как же стало известно, что у меня есть твоя книга?

— А это другое дело; это совсем другое дело; тут нет никакого шпионства, а я, видишь... я тебе откровенно признаюсь, я, черт меня побери, как на себя ни злюсь, но я совсем неспособен к этой службе. Я в нее и не хотел, — я хотел в уланы, а это все маменька так устроила, что... в этом войске, говорит, хорошо, и обеспечено, и мундир, и шпоры, и это войско на войну не ходит, — а между тем она, моя почтенная матушка-то, того не сообразила, годен ли я, способен ли я к этой службе. Тут, правда, не контузят и не ранят, а выслужиться можно скорей, чем в битвах, но зато эта служба требует, так сказать, высших способностей, тут, так

49

сказать… к ученому даже нечто примыкает, потому что требуется наблюдательность, а у меня ее никакейшей, а у нас за это не хвалят… и основательно делают, что не хвалят, потому что у нас без этого нельзя, потому что иначе на что же мы?

Нетерпение берет меня страшное!

– Позволь, – говорю, – Христа ради, мне тебя перебить.

– Да, хорошо, – отвечает, – перебей, братец, перебей, но ты во всяком случае должен со мной согласиться, что ведь мы же должны заботиться о том, чтобы мы оказывались на что-нибудь нужными?

– Прекрасно, – говорю, – прекрасно, но позволь…

– Нет, ты сам позволь: мы обязаны это доказать или нет, что мы нужны? А почему? Потому, душа моя, что ведь мы во что-нибудь стране-то обходимся, потому что мы ведь рубля два с полтиною в год государству-то стоим?

Господи, мне приходилось хоть плакать.

– Бога ради, – говорю, – Леонид Григорьевич, мне не до разговоров; я тебя с умилением прошу, не неси ты мне, Христа ради, всей этой ахинеи, а скажи мне, за что меня берут!

– Да я к этому и иду! что же ты сам меня перебиваешь, а сам говоришь, что я несу ахинею?

– Ну ладно, – говорю, – я молчу и не перебиваю, но только ради бога скажи скорее, в чем же дело?

– А в чем, ты думаешь, дело? Все дело в том, что у нас до этих пор нет еще настоящих наблюдательных людей. Оттого мы черт знает чем и занимаемся. Ты видал У меня нашего офицера Бекасинникова?

– Ну, видал, – говорю, – видал.

– Прекрасный парень, товарищ и добрейшая душа, – а ведь как, каналья, один раз меня срезал? Тоже вот как у меня: наблюдательности у него никакейшей и не находчив, а ведь это в извинение не берется; его и приструнили, и так приструнили, что хоть или в отставку подавай, или переходи в другую службу, но из нашего ведомства это уже считается… неловко. Что же ты думаешь, он, свинья, сделал? Встретил меня на улице и ну меня обнимать, да потихоньку снял у меня с сабли темляк и положил его мне в карман шинели, а сам сообщил, что «Постельников, говорит, манкирует формой и подает вредный пример другим». Меня вдруг и зовут: я ничего не знаю, являюсь как был – и прямо поехал за это на гауптвахту. Там и нашел я темляк в шинели, да уж нечего делать. Но я Бекасинникова в том не виню: что же ты будешь делать? Герои редки, а службой своей должен каждый дорожить. Меня вдруг осенило.

– Остановись, – говорю, – Леонид Григорьевич, – я боюсь, что я тебя, наконец, понимаю?

— Ну да, — говорит, — Филимоша, да, ты прав; между четырех глаз я от тебя не скрою: это я сообщил, что у тебя есть запрещенная книжка. Приношу тебе, голубчик, в этом пять миллионов извинений, но так как иначе делать было нечего... Ты, я думаю, ведь сам заметил, что я последние дни повеся нос ходил... Я ведь службы мог лишиться, а вчера мне приходилось хоть вот как, — и Постельников выразительно черкнул себя рукой по горлу и бросился меня целовать.

Поверите или нет, я даже не мог злиться. Я был так ошеломлен откровенностью Постельникова, что не только не обругал его, но даже не нашел в ответ ему ни одного слова! Да немного времени осталось мне и для разговоров, потому что в то время, как я не мешал Постельникову покрывать поцелуями мои щеки, он махнул у меня за плечами своему денщику, и по этому мановению в комнату явились два солдата и от него же взяли меня под арест.

Я просидел около десяти дней в какой-то дыре, а в это время вышло распоряжение исключить меня из университета, с тем чтобы ни в какой другой университет не принимать; затем меня посадили на тройку и отвезли на казенный счет в наш губернский город под надзор полиции, причем, конечно, утешили меня тем, что, во внимание к молодости моих лет, дело мое не довели до ведома высшей власти. Сим родительским мероприятием положен был предел учености моей.

ГЛАВА ТРИДЦАТЬ ТРЕТЬЯ

У нас в деревне уже знали о моем несчастии. Известие об этом дошло до дядина имения через чиновников, которым был прислан секретный наказ, где мне дозволить жить и как наблюдать за мною. Дядя тотчас понял в чем дело, но от матушки половину всего скрыли. Дядя возмутился за меня и, бог знает сколько лет не выезжая из деревни, тронулся сам в губернский город, чтобы встретить меня там, разузнать все в подробности и потом ехать в Петербург и тряхнуть в мою пользу своими старыми связями.

При первом нашем свидании старик был со мною, сверх ожидания, тепел и нежен; он держал меня во все время разговора за руку, и когда я окончил свой рассказ, он пожал плечами и проговорил:

— Боже великий, чем люди занимаются! Ну, однако, — добавил он, — этого так им оставить невозможно. Я поеду просить, чтобы тебе дозволили поступить в другой университет, а теперь пока отдохни.

Он сам наблюдал, как мне сделали ванну, сам уложил меня в постель, но через два часа сам сделал мне такое горе, нанес мне такое несчастие, перед которым шутка Постельникова была невиннейшей идиллией.

ГЛАВА ТРИДЦАТЬ ЧЕТВЕРТАЯ

Я спал безмятежно сном совершенно мертвым, каким только можно спать после тысячеверстного пути на перекладной телеге, и вдруг сквозь этот невероятный сон я услышал заупокойное пение «Святый Боже», затем ужасный, потрясающий крик, стон, вопль – не знаю, как вам и назвать этот ужасный звук, от которого еще сейчас ноет мозг костей моих… Раздался этот крик, и вдруг какая-то паника, какой-то смущающий шепот, хлопанье дверей и всеобъемлющий ужас… Из живых людей меня никто не будил, но чья-то незримая рука толкнула меня в ребра и над ухом прожужжала пчела. Я вскочил, выбежал в зал… и увидел на диване мою мать… мертвою.

Вещун-сердце ее не выдержало: она чуяла, что со мной худо, и прилетела в город вслед за дядей; дяде вдруг вздумалось пошутить над ее сантиментальностию . Увидев, что матушка въехала на двор и выходит из экипажа, он запер на крючок дверь и запел «Святый Боже». Он ей спел эту отходную, и вопль ее, который я слышал во сне, был предсмертный крик ее ко мне. Она грохнулась у двери на землю и… умерла от разрыва сердца.

Этого уж я не мог вынести и заболел горячкой, в которой от всех почитался в положении безнадежном, но вдруг в двенадцатый день опомнился, стал быстро поправляться и толстеть самым непозволительным образом.

Дядя избегал со мною всяких свиданий, но какими-то, доселе мне неведомыми путями исходатайствовал мне позволение жить в Петербурге и оканчивать там свое образование.

Я, конечно, не заставил себе повторять этого разрешения и немедленно же собрался.

Дядя наблюдал за моим здоровьем, но сам скрывался; он показался мне только в самую минуту моего отъезда, но это отнюдь не был уже тот мой дядя, какого я привык видеть: это был старец смирный, тихий, убитый, в сермяжном подряснике, подпоясанном черным ремнем, и с седою щетиной на бороде.

Старик встретил меня в сенях, когда я выходил, чтобы садиться в телегу, и, упав предо мной на колена, горько зарыдал и прошептал:

– Орест! прости меня Христа ради.

Я бросился к нему, поднял его, и мы поцеловались и расстались, с тем, чтобы уже никогда больше на этом свете не видаться.

Таким образом, шутя выгнанный из Москвы, я приезжал в свой город как будто только для того, чтобы там быть свидетелем, как шутя убили при мне страстно любимую мною мать и, к стыду моему, растолстеть от горячки и болезни.

«Что-то ждет меня еще в Петербурге?» – задавал я себе пытанье и хотя совсем разучился верить во что-нибудь хорошее, но с озлоблением не боялся ничего и худого.

«На же тебе меня, на! – говорил я мысленно своей судьбе. – На тебе меня, и поделай-ка со мной что-нибудь чуднее того, что ты делала. Нет, мол, голубка, ты меня уж ничем не удивишь!»

Но я в этом наижесточайше ошибся: то, что судьба готовила мне здесь, превзошло всякие неожиданности.

ГЛАВА ТРИДЦАТЬ ПЯТАЯ

Я вам говорил, что в моей руке не только был перочинный нож, которым я ранил в гимназии великого Калатузова, но я держал в моих руках и меч. Вот как это случилось.

Живу я в Петербурге тихо и смирно, и учусь. Новой беды над собой, разумеется, ниоткуда не жду, да и думаю, что и взяться ей неоткуда. Верно, думаю, злая судьба моя уже удовлетворилась.

Успокаивая себя таким образом, я сам стал терять мое озлобление и начал рассуждать обо всем в духе сладчайшего всепрощения. Я даже нашел средство примириться с поступком дяди, стоившим жизни моей матери.

«Что же, – думаю я, – матушка умерла праведницей, а кончина ее обратила беспокойного и строптивого дядю моего к христианскому смирению. Благому духу моей матери это сладчайшая награда, и не обязан ли я смотреть на все совершившееся как на исполнение предначертаний Промысла, ищущего каждой заблудшей овцы?»

Я решил себе, что это именно так, и написал об этом моему дяде, от которого чрез месяц получаю большой пакет с дарственною записью на все его имения и с письмом, в котором он кратко извещал меня, что он оставил дом, живет в келье в одной пустыни и постригся в монахи, а потому, – добавляет, – «не только сиятельством, но даже и благородием меня впредь не титулуй, ибо монах благородным быть не может!» Эта двусмысленная, шутливая приписка мне немножко не понравилась: и этого он не сумел сделать серьезно!.. Но что его осуждать?.. Это кувшин, который уже сломил себе голову.

ГЛАВА ТРИДЦАТЬ ШЕСТАЯ

Стояло великопостное время; я был тогда, как говорю вам, юноша теплый и умиленный, а притом же потеря матушки была еще насвеже, и я очень часто ходил в одну домовую церковь и молился там и пресладко, и преискренно. Начинаю говеть и уж отгавливаюсь – совсем собираюсь подходить к исповеди, как вдруг, словно из театрального люка, выростает предо мною в темном угле церкви господин Постельников и просит у меня христианского прощения, если он чем-нибудь меня обидел.

«Ах ты, ракалья этакая! – подумал я, – еще он сомневается... „если он чем-нибудь меня обидел“! Да и зачем он очутился здесь и говеет как раз в той же церкви, где и я?.. А впрочем, думаю: по-христиански я его простил и довольно; больше ничего не хочу про него ни знать, ни ведать». Но вот-с причастился я, а Постельников опять предо мною в новом мундире с жирными эполетами и поздравляет меня с принятием Святых Таин.

«Ну, да ладно, – думаю, – ладно», и от меня прошу принять такое же поздравление.

Вышли мы из церкви; он меня, гляжу, догоняет по дороге и говорит:

– Ты ведь меня, Филимоша, простил и больше не сердишься?

Я даже и слова не нашел, что ответить ему на такой фамильярный приступ.

– Не сердись, – говорит, – пожалуйста, Филимоша; я, ей-богу, всегда тебя любил; но я совсем неспособен к этой службе и оттого, черт меня знает, как медленно и подвигаюсь.

– Однако, – говорю, – чем же медленно? У вас уже жирные эполеты. – А сам, знаете, все норовлю от него в сторону.

А он не отстает и продолжает:

– Ах, что, – говорит, – в этом, Филимоша, что жирные эполеты? Разве другие-то это одно до сих пор имеют? Нет, да я, впрочем, на начальство и не ропщу: я сам знаю, что я к этой службе неспособен. Стараюсь – да неспособен, и вот это меня сокрушает. Я переведен сюда для пользы службы, а службе от меня никакой пользы нет, да и вперед не будет, и я это чувствую и скорблю… Мне худо потому, что я человек товарищественный. Вы ведь, я думаю, это помните?

– Как же, помню, мол, даже непременно очень помню.

– Да вот, у меня здесь теперь есть новый приятель, Станислав Пржикрживницкий, попросту – Стаська… Представьте, какой только возможно-чудеснейший малый: товарищ, весельчак, и покутить не прочь, и в картишки, со всеми литературами знаком, и сам веселые стихи на все сочиняет; но тоже совершенно, как у меня, нет никакой наблюдательности. Представьте себе, комизма много, а наблюдательности нет; ведь это даже удивительно! Генерала нашего представляет как нельзя лучше, да и вообще всех нас пересмешит в манеже. Приедет и кричит: «Bonjour[16], мой взвод!» Те орут: «Здравия желаем, ваше благородие!» – «Какое, говорит, у нас нынче меню?» «Шшы, ваше благородие». – «Вахмистр, говорит, покажи мне мое место!»… Одним словом, пересмешит до упаду, а служебной наблюдательности все-таки нет. Он мне раз и говорит: «Душка Постельников, ты опытнее, пособи мне обратить на себя внимание. Иначе, говорит, я вас больше и тешить не хочу, потому что на меня начинают находить прегорькие минуты». – «Да, друг ты мой, – отвечаю я ему, – да мне самому не легче тебя». И я это не лгу. Вы не поверите, что я бог знает как обрадовался, узнав, что вы в Петербурге.

– А вы почему, – говорю, – это узнали?

– Да как же, – говорит, – не узнать? Ведь у нас это по реестрам видно.

– Гм, да, мол, вот что… по реестрам у вас видно.

А он продолжает, что хотел было даже ко мне приехать, «чтобы душу отвести», да все, говорит, ждал случая. Ух, батюшки, так меня и кольнуло!

– Как, какого, – говорю, – вы ждали случая?

– А какого-нибудь, – отвечает, – чтобы в именины или в рожденье… нагрянуть к вам с хлебом и солью… А кстати, вы когда именинник? – И тотчас же сам и отгадывать. – Чего же, – говорит, – я, дурак, спрашиваю, будто я не знаю, что четырнадцатого декабря?

Это вовсе неправда, но мне, разумеется, следовало бы так и оставить его на этот счет в заблуждении; но я это не сообразил и со страха, чтоб он на меня не нагрянул, говорю: я вовсе и не именинник четырнадцатого декабря.

– Как, – говорит, – не именинник? Разве святого Филимона не четырнадцатого декабря?

– Я, – отвечаю, – этого не знаю, когда святого Филимона, да и мне можно это и не знать, потому что я вовсе не Филимон, а Орест.

---

[16] Здравствуйте (франц.)

— Ах, и вправду! – воскликнул Постельников. – Представьте: сила привычки! Я даже и позабыл: ведь это Трубицын поэт вас Филимоном прозвал… Правда, правда, это он прозвал… а у меня есть один знакомый, он действительно именинник четырнадцатого декабря, так он даже просил консисторию переменить ему имя, потому… потому… что… четырнадцатого декабря… Да!.. четырнадцатого…

И вдруг Постельников воззрился на меня острым, пристальным взглядом, еще раз повторил слово «четырнадцатое декабря» и с этим тихо, в рассеянности пожал мне руку и медленно ушел от меня в сторону.

Я был очень рад, что от него освободился, пришел домой, пообедал и пресладостно уснул, но вдруг увидел во сне, что Постельников подал меня на блюде в виде поросенка под хреном какому-то веселому господину, которого назвал при этом Стаськой Пржикрживницким.

— На, – говорит, – Стася, кушай, совсем готовый: и ошпарен, и сварен.

Дело пустое сон, но так как я ужасный сновидец, то это меня смутило. Впрочем, авось, думаю, пронесет Бог этот сон мимо. Ах! не тут-то было; сон пал в руку.

ГЛАВА ТРИДЦАТЬ СЕДЬМАЯ

Приходит день к вечеру; «ночною темнотой мрачатся небеса, и люди для покоя смыкают уж глаза», – а ко мне в двери кто-то динь-динь-динь, а вслед за тем сбруею брясь-дрясь-жись! «Здесь, – говорит, – такой-то Ватажков»? Ну, конечно, отвечают, что здесь.

Вошли милые люди и вежливо попросили меня собраться и ехать.

Оделся я, бедный, и еду.

Едем долго ли, коротко ли, приезжаем куда-то и идем по коридорам и переходам. Вот и комната большая, не то казенная, не то общежитейская… На окнах тяжелые занавески, посредине круглый стол, покрытый зеленым сукном, на столе лампа с резным матовым шаром и несколько кипсеков; этажерка с книгами законов, и в глубине диван.

— Дожидайтесь здесь, – велел мне мой провожатый и скрылся за следующею дверью.

Жду я час, жду два: ни звука ниоткуда нет. Скука берет ужасная, скука, одолевающая даже волнение и тревогу. Вздумал было хоть закон какой-нибудь почитать или посмотреть в окно, чтоб уяснить себе мало-мальски: где я и в каких нахожусь палестинах; но боюсь! Просто тронуться боюсь, одну ногу поднимаю, а другая – так мне и кажется, что под пол уходит… Терпенья нет, как страшно!

«Вот что, – думаю себе, – проползу-ка я осторожненько к окну на четвереньках. На четвереньках – это совсем не так рискованно: руки осунутся, я сейчас всем телом назад, и не провалюсь».

Думал, думал да вдруг насмелился, как вдруг в то самое время, когда я пробирался медведем, двери в комнату растворились, и на пороге показался лакей с серебряным подносом, на котором стоял стакан чаю.

Появление этого свидетеля моего комического ползания на четвереньках меня чрезвычайно сконфузило… Лакей-каналья держался дипломатическим советником, а сам едва не хохотал, подавая чай, но мне было не до его сатирических ко мне отношений. Я взял чашку и только внимательно смотрел на все половицы, по которым пройдет лакей. Ясно, что это были половицы благонадежные и что по ним ходить было безопасно.

«Да и боже мой, – сообразил я вдруг, – что же я за дурак такой, что я боюсь той или другой половицы? Ведь если мне уж определено здесь провалиться, так все равно: и весь диван, конечно, может провалиться!»

Это меня чрезвычайно успокоило и осмелило, и я, после долгого сиденья, вдруг вскочил и заходил через всю комнату с ярым азартом. Нестерпимейшая досада, негодование и гнев – гнев душащий, но бессильный, все это меня погоняло и шпорило, и я шагал и шагал и… вдруг, милостивые мои государи, столкнулся лицом к лицу с седым человеком очень небольшого роста, с огромными усами и в мундире, застегнутом на все пуговицы. За его плечом стоял другой человек, ростом повыше и в таком же точно мундире, только с обер-офицерскими эполетами.

Оба незнакомца, по-видимому, вошли сюда уже несколько минут и стояли, глядя на меня с усиленным вниманием.

Я сконфузился и остановился.

ГЛАВА ТРИДЦАТЬ ВОСЬМАЯ

Маленький генерал понял мое замешательство, улыбнулся и сказал:
– Ничего-с.

Я поклонился. Генерал мне показался человеком очень добрым и мягким.

— Вас зовут Филимон? — спросил он меня тихо и бесстрастно, но глубоко таинственно.

— Нет-с, — отвечал я ему смело, — меня зовут не Филимон, а Орест.

— Знаю-с и не о том вас спрашиваю.

— Я, — говорю, — отвечаю вашему превосходительству как раз на ваш вопрос.

— Неправда-с, — воскликнул, возвышая голос, генерал, причем добрые голубые глаза его хотели сделаться злыми, но вышли только круглыми. — Неправда-с: вы очень хорошо знаете, о чем я вас спрашиваю, и отвечаете мне вздор!

Теперь я действительно уж только и мог отвечать один вздор, потому что я ровно ничего не понимал, чего от меня требуют.

— Вас зовут Филимон! — воскликнул генерал, сделав еще более круглые глаза и упирая мне в грудь своим указательным пальцем. — Ага! что-с, — продолжал он, изловив меня за пуговицу, — что? Вы думаете, что нам что-нибудь неизвестно? Нам все известно: прошу не запираться, а то будет хуже! Вас в вашем кружке зовут Филимоном! Слышите: не запираться, хуже будет!

Я спокойно отвечал, что не вижу вовсе и никакой нужды быть в этом случае неискренним пред его превосходительством; «действительно, — говорю, — пришла когда-то давно одному моему знакомцу блажь назвать меня Филимоном, а другие это подхватили, находя, будто имя Филимон мне почему-то идет…»

— А вот в том-то и дело, что это вам идет; вы, наконец, в этом сознались, и я вас очень благодарю.

Генерал пожал мне с признательностью руку и добавил:

— Я очень рад, что после вашего раскаяния могу все это представить в самом мягком свете и, Бог даст, не допущу до дурной развязки. Извольте за это сами выбирать себе любой полк; вы где хотите служить: в пехоте или в кавалерии?

— Ваше превосходительство, — говорю, — позвольте… я нигде не хочу служить, ни в пехоте, ни в кавалерии…

— Тс! Молчать! молчать! тссс! — закричал генерал. — Нам все известно. Вы человек с состоянием, вы должны идти в кавалерию.

— Но, ваше превосходительство, я никуда не хочу идти.

— Молчать! тс! не сметь!.. молчать! Отправляйтесь сейчас с моим адъютантом в канцелярию. Вам там приготовят просьбу, и завтра вы будете записаны юнкером, — понимаете? юнкером в уланы или в гусары; я предоставляю это на ваш выбор, я не стесняю вас: куда вы хотите?

— Да, ваше превосходительство, я, — говорю, — никуда не хочу.

Генерал опять затопал, закричал и кричал долго что-то такое, в чем было немало добрых и жалких слов насчет спокойствия моих родителей и моего собственного будущего, и затем вдруг, – представьте вы себе мое вящее удивление, – вслед за сими словами непостижимый генерал вдруг перекрестил меня крестом со лба на грудь, быстро повернулся на каблуках и направился к двери.

ГЛАВА ТРИДЦАТЬ ДЕВЯТАЯ

Отчаяние придало мне неожиданную смелость: я бросился вслед за генералом, схватил его решительно за руку и зычно воскликнул:

– Ваше превосходительство! воля ваша, а я не могу... Извольте же мне по крайней мере сказать, что же я такое сделал? За что же я должен идти в военную службу?

– Вы ничего не сделали, – тихо и безгневно отвечал мне генерал. – Но не думайте, что нам что-нибудь неизвестно: нам все известно, мы на то поставлены, и мы знаем, что вы ничего не сделали.

– Так за что же-с, за что, – говорю, – меня в военную службу?

– А разве военная служба – это наказание? Военная служба это презерватив.

– Но помилуйте, – говорю, – ваше превосходительство; вы только извольте на меня взглянуть: ведь я совсем к военной службе неспособен, и я себя к ней никогда не предназначал, притом же... я дворянин, и по вольности дворянства, дарованной Петром Третьим и подтвержденной Великой Екатериной...

– Тс! тс! не сметь! молчать! тс! ни слова больше! – замахал на меня обеими руками генерал, как бы стараясь вогнать в меня назад вылетевшие из моих уст слова. – Я вам дам здесь рассуждать о вашей Великой Екатерине! Тссс! Что такое ваша Великая Екатерина? Мы лучше вас знаем, что такое Великая Екатерина!.. черная женщина!.. не сметь, не сметь про нее говорить!..

И генерал снова повернул к двери.

Отчаяние мною овладело страшное.

– Но, бога ради! – закричал я, снова догнав и схватив генерала дерзостно за руку. – Я вам повинуюсь, повинуюсь, потому что не могу не повиноваться...

– Не можете, да, не можете и не должны! – проговорил мягче прежнего генерал.

По тону его голоса и по его глазам мне показалось, что он не безучастлив к моему положению.

Я этим воспользовался.

– Умоляю же, – говорю, – ваше превосходительство, только об одном: не оставьте для меня вечной тайной, в чем моя вина, за которую я иду в военную службу?

Генерал, не сердясь, сложил наполеоновски свои руки на груди и, отступив от меня шаг назад, проговорил:

– Вас прозвали Филимон!

– Знаю, – говорю, – это несчастье; это Трубицын.

– Филимон! – повторил, растягивая, генерал. – И, как вы сами мне здесь благородно сознались, это больше или меньше соответствует вашим свойствам?

– Внешним, ваше превосходительство, внешним, наружным, – торопливо лепетал я, чувствуя, что как будто в имени «Филимон» действительно есть что-то преступное.

– Прекрасно-с! – и с этим генерал неожиданно прискакнул ко мне петушком, взял меня руками за плечи, подвинул свое лицо к моему лицу, нос к носу и, глядя мне инквизиторски в глаза, заговорил: – А позвольте спросить вас, когда празднуется день святого Филимона?

Я вспомнил свой утренний разговор с Постельниковым о моем тезоименитстве и отвечал:

– Я сегодня случайно узнал, что этот день празднуется четырнадцатого декабря.

– Четырнадцатого декабря! – произнес вслед за мною в некоем ужасе генерал и, быстро отхватив с моих плеч свои руки, поднял их с трепетом вверх над своею головой и, возведя глаза к небу, еще раз прошептал придыханием: «Четырнадцатого декабря!» и, качая в ужасе головою, исчез за дверью, оставив меня вдвоем с его адъютантом.

ГЛАВА СОРОКОВАЯ

– Вы ничего этого не бойтесь, – весело заговорил со мною адъютант, чуть только дверь за генералом затворилась. – Поверьте, это все гораздо страшнее в рассказах. Он ведь только егозит и петушится, а на деле он божья коровка и к этой службе совершенно неспособен.

– Но, однако, – говорю, – мне, по его приказанию, все-таки надо идти в полк.

— Да полноте, — говорит, — я даже не понимаю, за что вы его так сильно раздражили? Не все ли вам равно, где ни служить?

— Да, так-с; но я совершенно неспособен к военной службе.

— Ах! полноте вы, бога ради, толковать о способностях! Разве у нас это всё по способностям расчисляют? я и сам к моей службе не чувствую никакого призвания, и он (адъютант кивнул на дверь, за которую скрылся генерал), и он сам сознается, что он даже в кормилицы больше годится, чем к нашей службе, а все мы между тем служим. Я вам посоветую: идите вы в гусары; вы, — извините меня, — вы этакий кубастенький бочоночек, прекоренастый; ведь лучше в гусары, да там и общество дружное и залихватское… Вы пьете?.. Нет!.. Ну, да все равно. А острить можете?

— Нет, — отвечаю, — я и острить не могу.

— Ну, как-нибудь из Грибоедова, что ли: «Ах, боже мой, что станет говорить княгиня Марья Алексева»; или что-нибудь другое, — ведь это нетрудно… Неужто и этого не можете?

— Да это, может быть, и могу, — отвечаю я, — да зачем же это?

— Ну, вот и довольно, что можете, а зачем — это после сами поймете: а что это нетрудно, так я вам за то головой отвечаю: у нас один гусар черт знает каким остряком слыл оттого только, что за каждым словом прибавлял: «Ах, екскюзе ма фам[17]»; но все это пока в сторону, а теперь к делу: бумага у меня для вас уже заготовлена; что вам там таскаться в канцелярию? только выставить полк, в какой вы хотите, — заключил он, вытаскивая из-за лацкана сложенный лист бумаги, и тотчас же вписал там в пробеле имя какого-то гусарского полка, дал мне подписать и, взяв ее обратно, сказал мне, что я совершенно свободен и должен только завтра же обратиться к такому-то портному, состроить себе юнкерскую форму, а послезавтра опять явиться сюда к генералу, который сам отвезет меня и отрекомендует моему полковому командиру.

ГЛАВА СОРОК ПЕРВАЯ

Так все это и сделалось. Портной одел меня, писаря записали, а генерал осмотрел, ввел к себе в кабинет, благословил маленьким образком в ризе, сказал, что «все это вздор», и отвез меня в карете к другому генералу, моему полковому командиру. Я сделался гусаром недуманно-негаданно, против всякого моего желания и против всех моих дворянских

---

[17] Простите мою жену (франц. - Excusez ma femme

вольностей и природных моих способностей. Жизнь моя казалась мне погибшею, и я самовольно представлял себя себе самому не иначе как волчком, который посукнула рука какого-то злого чародея, – и вот я кручусь и верчусь по его капризу: езжу верхом в манеже и слушаю грибоедовские остроты и, как Гамлет, сношу удары оскорбляющей судьбы купно до сожалений Трубицына и извинений Постельникова, а все-таки не могу вооружиться против моря бед и покончить с ними разом; с мосту да в воду... Что вы на меня так удивленно смотрите? Ей-богу, я в пору моей воинской деятельности часто и много помышлял о самоубийстве, да только все помышлял, но, по слабости воли, не решался с собою покончить. А в это время меня произвели в корнеты, и вдруг... в один прекрасный день, пред весною тысяча восемьсот пятьдесят пятого года в скромном жилище моем раздается бешеный звонок, затем шум в передней, бряцанье сабли, восклицания безумной радости, и в комнату ко мне влетает весь сияющий Постельников!..

ГЛАВА СОРОК ВТОРАЯ

Увидав Постельникова, да еще в такие мудреные дни, я даже обомлел, а он ну меня целовать, ну меня вертеть и поздравлять.

«Что такое?» – думаю себе, и как я ни зол был на Постельникова, а спрашиваю его, с чем он меня поздравляет?

– Дружище мой, Филимоша, – говорит, – ты свободен!

– Что? что, – говорю, – такое?

– Мы свободны!

«Э, – думаю, – нет, брат, не надуешь!»

– Да радуйся же! – говорит, – скот ты этакий: радуйся и поздравляй ее!

– Кого-с? – пытаю с удивлением.

– Да ее, ее, нашу толстомясую мать Федору Ивановну! Ну, Россию, что ли, Россию! будто ты не понимаешь: она свободна, и все должны радоваться.

– Нет, мол, не надуешь, не хочу радоваться.

– Да, пойми же, пентюх, пойми: с-в-о-б-о-д-е-н ... Слово-то ты это одно пойми!

– И понимать, – говорю, – ничего не хочу.

– Ну, так ты, – говорит, – после этого даже не скот, а раб ... понимаешь ли ты, раб в своей душе!

«Ладно, – думаю, – отваливай, дружок, отваливай».

– Да ты, шут этакий, – пристает, – пойми только, куда мы теперь пойдем, какие мы антраша теперь станем выкидывать!

– Ничего, – отвечаю, – и понимать не хочу.

– Так вот же тебе за то и будут на твою долю одно: «ярмо с гремушкою да бич».

– И чудесно, только оставьте меня в покое.

Так я и сбыл его с рук; но через месяц он вдруг снова предстал моему изумленному взору, и уже не с веселою улыбкою, а в самом строгом чине и начал на вы .

– Вы, – говорит, – на меня когда-то роптали и сердились.

– Никогда, – отвечаю, – я на вас не роптал.

Думаю, черт с тобой совсем: еще и за это достанется.

– Нет, уж это, – говорит, – мне обстоятельно известно; вы даже обо мне никогда ничего не говорите, и тогда, когда я к вам, как к товарищу, с общею радостною вестью приехал, вы и тут меня приняли с недоверием; но Бог с вами, я вам все это прощаю. Мы давно знакомы, но вы, вероятно, не знаете моих правил: мои правила таковы, чтобы за всякое зло платить добром.

«Да, – думаю себе, – знаю я: ты до дна маслян, только тобой подавишься», и говорю:

– Вы очень добры.

– Совсем нет; но это, извините меня, самое злое и самое тонкое мщение – платить добром за оскорбления. Вот в чем вопрос: хотите ли вы ехать за границу?

– Как, – говорю, – за какую за границу?

– За какую! Уж, конечно, за западную: в Париж, в Лондон, – в Лондоне теперь чудные дела делаются... Что там только печатается!.. Там восходит наша звезда, хотите почитать?

– Нет, – говорю, – не хочу.

– Но отчего же?

– Да так, не хочу, да и только...

– И ехать не хотите?

– Нет, ехать хочу, но...

– Что за но...

– Но меня, – говорю, – не пустят за границу.

– Отчего это не пустят? – и Постельников захохотал. – Не оттого ли, что ты именинник-то четырнадцатого декабря... Э, брат, это уже все назади осталось; теперь на политику иной взгляд, и нынче даже не такие вещи ничего не значат. Я, я, – понимаешь, я тебе отвечаю, что тебя пустят. Ты в отпуск хочешь или в отставку?

– Ах, зачем же, – отвечаю, – в отпуск! Нет, уж я, если только можно, в чистую отставку хочу.

– Ступай и в отставку, подавай по болезни рапорт – и катай за границу.

– Да мне никто и свидетельства, – говорю, – не даст, что я болен.

Постельников меня за это даже обругал.

– Дурак! – говорит, – ты извини меня: просто дурак! Да ты не хочешь ли, я тебе достану свидетельство, что ты во второй половине беременности?

– Ну, уж это, – говорю, – ты вздор несешь!

– Держишь пари?

– И пари не хочу.

– Нет, пари! держи пари.

И сам руку протягивает.

– Нечего, – говорю, – и пари держать, потому что все это вздор.

– Нет, ты держи со мною пари.

– Сделай милость, – говорю, – отстань, мне это неприятно.

– Так что ж ты споришь? Я уж знаю, что говорю. С моего брата на перевязочном пункте в Крыму сорок рублей взяли, чтобы контузию ему на полную пенсию приписать, когда его и комар не кусал; но мой брат дурак: ему правую руку отметили, а он левую подвязал, потом и вышел из этого только один скандал, насилу, насилу кое-как поправили. А для умного человека ничего не побоятся сделать. Возьмись за самое легкое, за так называемое «казначейское средство»: притворись сумасшедшим, напусти на себя маленькую меланхолию, говори вздор: «я, мол, дитя кормлю; жду писем из розового замка» и тому подобное… Согласен?

– Хорошо, – отвечаю, – согласен.

– Ну вот, только всего и надо. И сто рублей дать тоже согласен?

– Я триста дам.

– На что же триста? Ты, милый друг, этак Петербургу цены портишь, – за триста тебя здесь теперь ведь на родной матери перевенчают и в том тебе документ дадут.

– Да мне уж, – говорю, – не до расчетов: лишь бы вырваться; не с деньгами жить, а с добрыми людьми…

Постельников вдруг порскнул и потом так и покатился со смеху.

– Прекрасно, – говорит, – вот и это прекрасно! Извини меня, что я смеюсь, но это для начала очень хорошо: «не с деньгами жить, а с добрыми людьми»! Это черт знает как хорошо, ты так и комиссии… как они к тебе приедут свидетельствовать… Это скоро сделается. Я извещу, что ты не того…

Постельников помотал пальцем у своего лба и добавил:

— Извещу, что у тебя меланхолия и что ты с оружием в руках небезопасен, а ты: «не с деньгами, мол, жить, а с добрыми людьми», и вообще чем будешь глупее, тем лучше.

И с этим Постельников, сжав мою руку, исчез.

ГЛАВА СОРОК ТРЕТЬЯ

Два-три дня я прожил так, на власть Божию, но в большом расстройстве, и многим, кто видел меня в эти дни, казался чрезвычайно странным. Совершеннее притворяться меланхоликом, как выходило у меня без всякого притворства, было невозможно. На третий день ко мне нагрянула комиссия, с которой я, в крайнем моем замешательстве, решительно не знал, что говорить.

Рассказывал им за меня всё Постельников, до упаду смеявшийся над тем, как он будто бы на сих днях приходит ко мне, а я будто сижу на кровати и говорю, что «я дитя кормлю»; а через неделю он привез мне чистый отпуск за границу, с единственным условием взять от него какие-то бумаги и доставить их в Лондон для напечатания в «Колоколе».

— Конечно, — убеждал меня Постельников, — ты не подумай, Филимоша, что я с тем только о тебе и хлопотал, чтобы ты эти бумажонки отвез; нет, на это у нас теперь сколько угодно есть охотников, но ты знаешь мои правила: я дал тем нашим лондонцам-то слово с каждым знакомым, кто едет за границу, что-нибудь туда посылать, и потому не нарушаю этого порядка и с тобой; свези и ты им кой-что. Да здесь, впрочем, все и довольно невинное: насчет нашего генерала и насчет дворни. В Берлине ты все это можешь даже смело в почтовый ящик бросить, — оттуда уж оно дойдет.

Признаюсь вам, принимая вручаемый мне Постельниковым конверт, я был твердо уверен, что он, по своей «неспособности к своей службе», непременно опять хочет сыграть на меня. Ошибался я или нет, но план его мне казался ясен: только что я выеду, меня цап-царап и схватят с поличным — с бумагами про какую-то дворню и про генерала.

«Нет, черт возьми, — думаю, — довольно: более не поддамся», и сшутил с его письмом такую же штуку, какую он рассказывал про темляк, то есть «хорошо, говорю, мой друг; благодарю тебя за доверие... Как же, отвезу, непременно отвезу и лично Герцену в руки отдам», — а сам начал его на прощание обнимать и целовать лукавыми лобзаниями, да и сунул его конверт ему же самому в задний карман. Что вы все, господа, опять смотрите на меня такими удивленными глазами? Не кажется ли вам, что я неблагодарно поступил по отношению к господину Постельникову? Может быть и так, может быть даже, что он отнюдь и не имел никакого намерения устраивать мне на этих бумажонках ловушку, но обжегшиеся на молоке дуют и на воду; в этом самая дурная сторона предательства: оно родит подозрительность в душах самых доверчивых.

И вот, наконец, я опять за границей, и опять на свободе, на свободе после неустанного падения на меня стольких внезапных и несподеванных бед и напастей! Я сам не верил своей свободе. Я не поехал ни в Париж, ни в Лондон, а остался в маленьком германском городке, где хотел спокойно жить, мыслить и продолжать мое неожиданно и так оригинально прерванное занятие науками. Все это мне и удалось: при моей нетребовательности за границею мне постоянно все удается, и не удалось долго лишь стремление усвоить себе привычку знать, что я свободен. Проходили месяцы и годы, а я все, просыпаясь, каждое утро спрашивал себя: действительно ли я проснулся? на самом ли деле я в Германии и имею право не только не ездить сегодня в манеже, но даже вытолкать от себя господина Постельникова, если б он вздумал посетить мое убежище?

Наконец всеисцеляющее время уврачевало и этот недуг сомнения, и я совершенно освоился с моим блаженнейшим состоянием в тишине и стройной последовательности европейской жизни и даже начал совсем позабывать нашу российскую чехарду.

ГЛАВА СОРОК ЧЕТВЕРТАЯ

Так тихо и мирно провел я целые годы, то сидя в моем укромном уголке, то посещая столицы Европы и изучая их исторические памятники, а в это время здесь, на Руси, всё выдвигались вопросы, реформы шли за реформами, люди будто бы покидали свои обычные кривлянья и шутки, брались за что-то всерьез; я, признаюсь, ничего этого не ждал и ни во что не верил и так, к стыду моему, не только не принял ни в чем ни малейшего участия, но даже был удивлен, заметив, что это уже не одни либеральные разговоры, а что в самом деле сделано много бесповоротного, над чем пошутить никакому шутнику неудобно. В это время старик, дядя мой, умер и мои домашние обстоятельства потребовали моего возвращения в Россию. Я этому даже обрадовался; я почувствовал влечение, род недуга, увидеть Россию обновленную, мыслящую и серьезно устрояющую самое себя в долготу дней. Я приближался к отечеству с душевным трепетом, как к купине, очищаемой божественным огнем, и переехал границу крестясь и благословляясь... и что бы вы думали: надолго ли во мне хватило этого торжественного заряда? Помогли ли мне соотчичи укрепить мою веру в то, что время шутовства, всяких юродств и кривляний здесь минуло навсегда, и что под веянием духа той свободы, о которой у нас и не смели мечтать в мое время, теперь все образованные русские люди взялись за ум и серьезно тянут свою земскую тягу, поощряя робких, защищая слабых, исправляя и воодушевляя помраченных и малодушных и вообще свивая и скручивая наше растрепанное волокно в одну крепкую бечеву, чтобы сцепить ею воедино великую рознь нашу и дать ей окрепнуть в сознании силы и права?..

Как бы не так!

ГЛАВА СОРОК ПЯТАЯ

Прежде всего мне пришлось, разумеется, поблаговеть пред Петербургом; город узнать нельзя: похорошел, обстроился, провел рельсы по улицам, а либерализм так и ходит волнами, как море; страшно даже, как бы он всего не захлестнул, как бы им люди не захлебнулись! «Государь в столице, а на дрожках ездят писаря, в фуражках ходят офицеры»; у дверей ресторанов столики выставили, кучера на козлах трубки курят... Ума помраченье, что за вольности! Офицеры не колотят приказных ни на улицах, ни в трактирах, да и приказных что-то не видно.

— Где бы это они все подевались? — спрашиваю одного старого знакомого.

— А их, — отвечает, — сократили, — теперь ведь у нас все благоразумная экономия. Служба не богадельня.

— Что же, и прекрасно, — говорю, — пусть себе за другой труд берутся.

Посетил старого товарища, гусара, — нынче директором департамента служит. Живет таким барином, что даже и независтливый человек, пожалуй, позавидовал бы.

— Верно, — говорю, — хорошее жалованье получаете?

— Нет, какое же, — отвечает, — жалованье! У нас оклады небольшие. Всё экономию загоняют. Квартира, вот... да и то не из лучших.

67

Я дальше и расспрашивать не стал; верно, думаю, братец ты мой, взятки берешь и, встретясь с другим знакомым, выразил ему на этот счет подозрение; но знакомый только яростно расхохотался.

— Этак ты, пожалуй, заподозришь, — говорит, — что и я взятки беру?

— А ты сколько, — спрашиваю, — получаешь жалованья?

— Да у нас оклады, — отвечает, — небольшие; я всего около двух тысяч имею жалованья.

— А живешь, мол, чудесно и лошадей держишь?

— Да ведь, друг мой, на то, — рассказывает, — у нас есть суммы: к двум тысячам жалованья я имею три добавочных, да «к ним» тысячу двести, да две тысячи прибавочных, да «к ним» тысяча четыреста, да награды, да на экипаж.

— И он, стало быть, — говорю, — точно так же?

— А конечно; он еще более; ему, кроме добавочных и прибавочных, дают и на дачу, и на поездку за границу, и на воспитание детей; да в прошедшем году он дочь выдавал замуж, — выдали на дочь, и на похороны отца, и он и его брат оба выпросили: зачем же ему брать взятки? Да ему их и не дадут.

— Отчего же, — любопытствую, — не дадут? Он место влиятельное занимает.

— Так что же такое, что место занимает; но он ведь службою не занимается.

— Вот тебе и раз! Это же почему не занимается?

— Да некогда, милый друг, у нас нынче своею службой почти никто не занимается; мы все нынче завалены сторонними занятиями; каждый сидит в двадцати комитетах по разным вопросам, а тут благотворительствовать… Мы ведь нынче все благотворим… да: благотворим и сами, и жены наши все этим заняты, и ни нам некогда служить, ни женам нашим некогда хозяйничать… Просто беда от благотворения! А кто в военных чинах, так еще стараются быть на разводах, на парадах, на церемониях… вечный кипяток.

— Это, — пытаю, — зачем же на церемонии-то ездить? Разве этого требуют?

— Нет, не требуют, но ведь хочется же на виду быть… Это доходит нынче даже до цинизма, да и нельзя иначе… иначе ты закиснешь; а между тем за всем за этим своею службою заниматься некогда. Вот видишь, у меня шестнадцать разных книг; все это казначейские книги по разным ученым и благотворительным обществам… Выбирают в казначеи, и иду… и служу… Все дело-то на грош, а его нужно вписать, записать, перечесть, выписать в расходы, и все сам веду.

— А ты зачем, — говорю, — на это дело какого-нибудь писарька не принаймешь?

— Нельзя, голубчик, этого нельзя... у нас по всем этим делам начальствуют барыни — народ, за самым небольшим исключением, самый пустой и бестолковый, но требовательный, а от них, брат, подчас много зависит при случае... Ведь из того мы все этих обществ и держимся. У нас нынче все по обществам; даже и попы и архиереи есть... Нынче это прежние протекции очень с успехом заменяет, а иным даже немалые и прямые выгоды приносит.

— Какие же прямые-то выгоды тут возможны?

— Возможны, друг мой, возможны: знаешь пословицу — «и поп от алтаря питается», ну и из благотворителей тоже есть такие: вон недавно одна этакая на женскую гимназию собирала, да весь сбор ошибкою в кармане увезла.

— Зачем же вы не смотрите за этим?

— Смотрим, да как ты усмотришь, — от школ ее отогнали, она кинулась на колокола собирать, и колокола вышли тоже не звонки. Следим, любезный друг, зорко следим, но деятельность-то стала уж очень обширна, — не уследишь.

— А на службе писарьки работают?

— Ну нет, и там есть «этакие крысы» бескарьерные... они незаметны, но есть. А ты вот что, если хочешь быть по-старому, по-гусарски, приятелем, — запиши, сделай милость, что-нибудь.

— На что это записать?

— А вот на что хочешь; в этой книге на «Общество снабжения книгами безграмотного народа», в этой на «Комитет для возбуждения вопросов», в этой — на «Комитет по устройству комитетов», здесь — «Комитет для обсуждения бесполезности некоторых обществ», а вот в этой — на «Подачу религиозного утешения недостаточным и бедствующим»... вообще все добрые дела; запиши на что хочешь, хоть пять, десять рублей.

«Эк деньги-то, — подумал я про себя, — как у вас ныне при экономии дешевы», а, однако, записал десять рублей на «Комитет для обсуждения бесполезности некоторых обществ». Что же, и в самом деле это учреждение нужное.

— Благодарю, — говорит, вставая, мой приятель, — мне пора в комитет, а если хочешь повидаться, в четверг, в два часа тридцать пять минут, я свободен, но и то, впрочем, в это время мы должны поговорить, о чем мы будем разговаривать в заседании, а в три четверти третьего у меня собирается уже и самое заседание.

Ну, думаю себе, этакой кипучей деятельности нигде, ни в какой другой стране, на обоих полушариях нет. В целую неделю человек один

69

только раз имеет десять минут свободного времени, да выходит, что и тех нет!.. Уж этого приятеля, бог с ним, лучше не беспокоить.

– А когда же ты, – спрашиваю его совсем на пороге, – когда же ты что-нибудь читаешь?

– Когда нам читать! мы ничего, – отвечает, – не читаем, да и зачем?

– Ну, чтобы хоть немножко освежить себя после работы.

– Какое там освежение: в литературе идет только одно бездарное науськиванье на немцев да на поляков. У нас совсем теперь перевелись хорошие писатели.

– Прощай же, – говорю, – голубчик, – и с тем ушел.

Экономия и недосуги этих господ, признаюсь, меня жестоконько покоробили; но, думаю, может быть это только в чиновничестве загостилось старое кривлянье на новый лад. Дай-ка заверну в другие углы; поглазею на литературу: за что так на нее жалуются?

ГЛАВА СОРОК ШЕСТАЯ

Пока неделю какую придется еще пробыть в Петербурге, буду читать. В самом деле, за границей всего одну или две газетки видел, а тут их вон сколько!.. Ведь что же нибудь в них написано. Накупил... Ух, боже мой! действительно везде понаписано! Один день почитал, другой почитал, нет, вижу – страшно: за человеческий смысл свой надо поопасаться. Другое бы дело, может быть интересно с кем-нибудь из пишущих лично познакомиться. Обращаюсь с такой просьбою к одному товарищу: познакомьте, говорю, меня с кем-нибудь из них. Но тот при первых моих словах кислую гримасу состроил.

– Не стоит, – говорит, – Боже вас сохрани... не советую... Особенно вы человек нездешний, так это даже и небезопасно.

– Какая, – возражаю, – возможна опасность?

– Да денег попросят, – им ведь ни добавочных, ни прибавочных не дают, – они и кучатся.

– Ну?

– Ну, а дал – и пропало, потому это «абсолютной честности» не мешает; а не дашь, – в какой-нибудь газетке отхлещут. Это тоже «абсолютной честности» не мешает. Нет, лучше советую беречься.

– Было бы, – говорю, – еще за что и отхлестать?

– Ну, у нас на этот счет просто: вы вот сегодня при мне нанимали себе в деревню лакея, и он вам, по вашему выражению, «не понравился», а завтра можно напечатать, что вы смотрите на наем себе лакея с другой точки зрения и добиваетесь, чтоб он вам «нравился». Нет, оставьте их лучше в покое; «с ними» у нас порядочные люди нынче не знакомятся.

Я задумался и говорю, что хоть только для курьеза желал бы кого-нибудь из них видеть, чтобы понять, что в них за закал.

— Ах, оставьте пожалуйста; да они все давно сами друг про друга всё высказали; больше знать про них не интересно.

— Однако живут они: не топятся и не стреляются.

— С чего им топиться! Бранят их, ругают, да что такое брань! что это за тяжкая напасть? Про иного дело скажут, а он сам на десятерых наврет еще худшего, — вот и затушевался.

— Ну, напраслина-то ведь может быть и опровергнута.

— Как раз! Один-то раз, конечно, можно, пожалуй, и опровергнуть, а если на вас по всем правилам осады разом целые батальоны, целые полки на вас двинут, ящик Пандоры со всякими скверностями на вас опрокинут, — так от всех уж и не отлаешься. Макиавелли недаром говорил: лги, лги и лги, — что-нибудь прилипнет и останется.

— Но зато, — говорю, — в таких занятиях сам портишься.

— Небольшая в том и потеря; уголь сажею не может замараться.

— Уважение всех честных людей этим теряется.

— Очень оно им нужно!

— Да и сам теряешь возможность к усовершенствованию себя и воспитанию.

— Да полноте, пожалуйста: кто в России о таких пустяках заботится. У нас не тем концом нос пришит, чтобы думать о самосовершенствовании или о суде потомства.

И точно, сколько я потом ни приглядывался, действительно нос у нас не тем концом пришит и не туда его тянет.

ГЛАВА СОРОК СЕДЬМАЯ

Ходил в театр: давали пьесу, в которой показано народное недоверие к тому, что новая правда воцаряется. Одно действующее лицо говорит, что пока в лежащих над Невою каменных «свинтусах» (сфинксах) живое сердце не встрепенется, до тех пор все будет только для одного вида. Автора жесточайше изругали за эту пьесу. Спрашивал сведущих людей: за

71

что же он изруган? За то, чтобы правды не говорил, отвечают... Какая дивная литература с ложью в идеале!

Познакомился, наконец, случайно в клубе художников с одним поэтом и, возмущенный тем, что слышал, поговорил с ним о правде и честности. Поэт того же мнения, что правда не годится, и даже разъяснял мне, почему правды в литературе говорить не следует; это будто бы потому, что «правда есть меч обоюдоострый» и ею подчас может пользоваться и правительство; честность, говорит, можно признавать только одну «абсолютную», которую может иметь и вор, и фальшивый монетчик. Дальше я не хотел и речи вести об этом: взаправду «за человека страшно»! Спрашиваю только уж о самых практических вещах: вот, говорю, к удивлению моему, я вижу у вас под одним изданием подписывается редактор Калатузов... скажите мне, пожалуйста... меня это очень интересует... я знал одного Калатузова в гимназии.

– Этот, здешний, очень он плох, – перебивает меня поэт.

– Редактор-то?

– Да, ах, как безнадежно плох! как котелка.

– Скажите, бога ради, и тот, – говорю, – был не боек.

– Ну, все-таки это, верно, не тот. Этот, например, как забрал себе в голову, что в Англии была королева Елисавета, а нынче королева Виктория, так и твердит, что «в Англии женщинам лучше, потому что там королевы царствуют». Сотрудники хотели его в этом разуверить, – не дается: «вы, говорит, меня подводите на смех». А «абсолютная» честность есть.

– Как же, – говорю, – его редактором-то сделали?

– А что же такое? Для утверждения в редакторстве у нас ведь пока еще в губернском правлении не свидетельствуют. Да и что такое редактор? Редакторы есть всякие. Берем, батюшка, в этом примеры с наших заатлантических братий. А впрочем, и прекрасно: весь вопрос в абсолютной честности: она литературу убивает, но зато злобу-с, злобу и затмение в умах растит и множит.

– Есть же, однако, полагаю, между ними люди, для которых дорога не одна абсолютная честность?

– Как же-с, непременно есть, и вот недалеко ходить. Вон видите, за тем столом сидит пентюх-то, – это известный православист, он меня на днях как-то тут встречает и говорит: «Что ж вы, батюшка, нам-то ничего не даете?»

«Удивляюсь, – отвечаю, – что вы меня об этом и спрашиваете».

«А что такое?»

«Да ведь вы меня, – говорю, – в своем издании ругаете». Удивляется: «Когда?» – «Да постоянно, мол». – «Ну, извините, пожалуйста». – «Да вы что ж, этого не читали, что ли?» – «Ну вот, стану, – говорит, – я этим навозом заниматься… Я все с бумагами… сильно было порасстроился и теперь все биржей поглощен… Бог с ними!»

– Это вы изволите говорить: «Бог с ними?»

– Нет, это не я, а он: я Бога не беспокою. Я хотел открыть издание в среднем духе, но никакого содействия нет.

– Отчего же?

– Да я по глупости шесть тысяч попросил, и отказали, говорят: денег нет… После узнал, что теперь, чтобы получить что-нибудь, надо миллион просить: тогда дадут. Думаю опять скоро просить.

– Миллион?

– Нет, миллион восемьсот пятьдесят семь тысяч; так смета выходит.

– На журнал или газету?

– Нет, на особое предприятие.

Поэт встал, зевнул и, протягивая мне руку, добавил:

– На одно предприятие, обещающее впереди миллиард в тумане.

– И что ж, – спрашиваю, удерживая его за руку, – имеете надежду, что дадут вам эти деньги?

– Да, непременно, – говорит, – дадут; у нас все это хорошо обставлено, в национальном русском духе: чухонский граф из Финляндии, два остзейские барона и три жида во главе предприятия, да полторы дюжины полячишек для сплетен. Непременно дадут.

Я заплатил за столом деньги за себя и за поэта – и ушел. Это, кстати, был последний день моего пребывания в Петербурге.

ГЛАВА СОРОК ВОСЬМАЯ

Москву я проехал наскоро: пробыл только всего один день и посетил двух знакомых… Люди уже солидные – у обоих дети в университете.

Здесь Петербург не чествуют; там, говорят, все искривлялись: «кто с кем согласен и кто о чем спорит – и того не разберешь. Они скоро все провалятся в свою финскую яму».

Давно, я помню, в Москве всё ждут этого петербургского провала и всё еще не теряют надежды, что эта благая радость их совершится.

– А вас, – любопытствую, – Бог милует, не боитесь провалиться?

– Ну, мы!.. Петербург, брат, – говорят, – строен миллионами, а Москва – веками. Под нами земля прочная. Там, в Петербурге-то, у вас вон уж, говорят, отцов режут да на матерях женятся, а нас этим не увлечешь: тут у нас и храмы, и мощи – это наша святыня, да и в учености наша молодежь своих светильников имеет... предания... Кудрявцева и Грановского чтит. Разумеется, Кудрявцев и Грановский уж того... немножко для нашего времени не годятся... а все ж, если бы наш университет еще того... немножко бы ему хорошей чемерицы в нос, а студенты чтоб от профессоров не зависели, и университет бы наш даже еще кое-куда годился... а то ни одного уже профессора хорошего не стало.

– Как ни одного?

– Да решительно ни одного: в петербургских газетах их славно за это отжаривают.

Вот тебе и «наши предания», и «наша святыня».

Экой вздор какой! Экая городьба!

Поел у Гурина пресловутой утки с груздями, заболел и еду в деревню; свой губернский город, в котором меня так памятно секли, проезжаю мимо; не останавливаюсь и в уездном и являюсь к себе в Одоленское – Ватажково тож.

И вот они опять – знакомые места,

Где жизнь отцов моих, беспечна и пуста,

Текла среди пиров, бессмысленного чванства,

Разврата мелкого и мелкого тиранства!..

Что-то здесь нового, на этих сонных нивах, на этой черноземной пажити?

ГЛАВА СОРОК ДЕВЯТАЯ

Простор и лень, лень и простор! Они опять предо мною во всей своей красе; но кровли крыш покрыты лучше, и мужики в сапогах. Это большая новость, в которой я, впрочем, никогда не отчаивался, веруя, что и мужик знает, что под крепкою крышей безопасней жить и в крепких сапогах ходить удобнее, чем в дырявых лаптях.

Спросил в беседе своего приказчика:

– Поправляются ли мужики?

– Как же, – говорит, – теперь они живут гораздо прежнего превосходнейше.

Хотел даже перекреститься на образ, но, поопасавшись, не придерживается ли мой приказчик нигилистического образа мыслей,

74

воздержался, чтобы сразу себя пред ним не скомпрометировать, и только вздохнул: буди, Господи, благословен за сие!

Но как же остальное? Как она, наша интеллигенция?

— Много ли, — спрашиваю, — здесь соседей-помещиков теперь живет и как они хозяйничают?

— Нет, — докладывает, — какие же здесь господа? Господ здесь нет; господа все уехали по земским учреждениям, местов себе стараются в губернии.

— Неужто же все по учреждениям? Этого быть не может!

— Да живут-с, — говорит, — у нас одни господа Локотковы, мелкопоместные.

— Ну так как же, мол, ты мне говоришь, что никого нет? Я даже знаю этого Локоткова. (Это, если вы помните, тот самый мой старый товарищ, что в гимназии француза дразнил и в печки сало кидал.) Ты, — приказываю, — вели-ка мне завтра дрожки заложить: я к нему съезжу.

— Это, — отвечает, — как вам будет угодно; но только они к себе никакого благородного звания не принимают, и у нас их, господина Локоткова, все почитают ни за что.

— Это, мол, что за глупость?

— Точно так-с, — говорит, — как они сами своего звания решившись и ходят в зипуне, и звание свое порочат, и с родительницей своею Аграфеной Ивановной поступают очень неблагородно.

Заинтересовался я знать о Локоткове.

— Расскажи, — говорю, — мне, сделай милость, толком: как же это он так живет?

— Совсем, — отвечает, — вроде мужика живут; в одной избе с работниками.

— И в поле работает?

— Нет-с, в поле они не работают, а все под сараем книжки сочиняют.

— О чем же, мол, те книжки, не знаешь ли?

— Давали-с они нам, да неинтересно: все по крестьянскому сословию про мужиков ничего не верно: крестьяне смеются.

— Ну, а с матерью-то у них что же: нелады, что ли?

— Постоянные нелады: еще шесть дней в неделю ничего, и туда и сюда, только промеж собою ничего не говорят да отворачиваются; а уж в воскресенье непременно и карамболь.

— Да почему же в воскресенье-то карамболь?

— Потому, как у них промеж собой все несогласие выходит в пирогах.

— Ничего, — говорю, — братец мой, не понимаю: как так в пирогах у них несогласие?

– Да барин Локотков, – говорит, – велят матушке, чтоб и им и людям одинаковые пироги печь, а госпожа Аграфена Ивановна говорят: «я этого понять не могу», и заставляют стряпуху, чтоб людские пироги были хуже.

– Ну?

– Ну-с вот из-за этого из-за самого они завсегда и ссорятся; Аграфена Ивановна говорят, что пусть пироги хоть из одного теста, да с отличкою: господские чтоб с гладкой коркой, а работничьи на щипок защипнуть; а барин сердятся и сами придут и перещипывают у загнетки. Они перещипывают, а Аграфена Ивановна после приказывают стряпухе: «станешь сажать, – говорят, – в печку, так людские шесть пирогов на пол урони, чтобы они в сору обвалялись»; а барин за это взыск… Сейчас тут у припечка и ссора… Они и толкнут старуху.

– Это мать-то?

– Точно так-с, ну, а народ ее, Аграфену Ивановну, жалеет, как они при прежнем крепостном звании были для своих людей барыня добрая. Ввечеру барин соберут к избе мужиков и заставляют судить себя с барыней; барыня заплачут: «Ребятушки, – изволят говорить, – я, себя не жалевши, его воспитывала, чтоб он в полковые пошел да генералом был». А барин говорят: «А я, ребята, говорят, этих глупостей не хочу; я хочу мужиком быть». Ну, мужики, известно, все сейчас на барынину сторону. «С чего, бают, с какого места ты такого захотел? Неш тебе мужиком-то лучше быть?» Барин крикнут: «Лучше! честнее, говорят, ребята, быть мужиком». Мужики плюнут и разойдутся. «Врешь, бают, в генералах честней быть, – мы и сами, говорят, хоть сейчас все согласны в генералы идти». Только всего и суда у них выходит; а стряпуха, просто ни одна стряпуха у них больше недели из-за этого не живет, потому что никак угодить нельзя. Теперь с пол-года барин книги сочинять оставили и сами стали пироги печь, только есть их никак нельзя… невкусно… Барин и сами даже это чувствуют, что не умеют, и говорят: «Вот, говорят, ребята, какое мне классическое воспитание дали, что даже против матери я не могу потрафить». Дьячок Сергей на них даже по этому случаю волостному правлению донос подавал.

– В чем же донос?

– Да насчет их странности. Писал, что господин Локотков сам, говорит, ночью к Каракозову по телеграфу летал.

– Ну?

– Мужики было убить его за это хотели, а начальство этим пренебрегло; даже дьячка Сергея самого за это и послали в монастырь дрова пилить, да и то сказали, что это еще ему милость за то, что он глуп и не знал, что делал. Теперь ведь, сударь, у нас не то как прежде: ничего не разберешь, – добавил, махнув с неудовольствием рукою, приказчик.

– Да дьячок-то ваш, – спрашиваю, – откуда же взял, что по телеграфу летать можно?

– Это, – отвечает мой приказчик, – у них, у духовенства, нынче больше все происходит с отчаянности, так как на них теперь закон вышел, чтоб их сокращать; где два было, говорят, один останется...

– Ну так что же, мол, из этого?

– Так вот они, выходит, теперь друг перед дружкой и хотят все себя один против другого показать.

«Фу, – думаю, – какой вздор мне этот человек рассказывает!» Махнул рукой и отпустил его с Богом.

Однако не утерпел, порасспросил еще кое-кого из людей насчет всего этого, и оказалось, что приказчик мой не лжет.

«Ну, – думаю, – чем узнавать через плебс да через десятые руки, пущусь-ка лучше я сам в самое море, окунусь в самую интеллигенцию».

Начинаю с того, что еще уцелело в селах и что здесь репрезентует местную образованность.

ГЛАВА ПЯТИДЕСЯТАЯ

Отправился с визитом к своему попу. Добрейший Михаил Сидорович, или отец Михаил, – скромнейший человек и запивушка, которого дядя мой, князь Одоленский, скончавшийся в схиме, заставлял когда-то хоронить его борзых собак и поклоняться золотому тельцу, – уже не живет. Вместо него священствует сын его, отец Иван. Я знал его еще семинаристом, когда он, бывало, приходил во флигель к покойной матушке Христа славить, а теперь он уж лет десять на месте и бородой по самые глаза зарос – настоящий Атта Троль.

Застал его дома за писанием. Увидав меня, он скорее спрятал в стол тетрадку. Поздоровались. Спрашиваю его:

– Как, батюшка, поживаете?

– Что, сударь, Орест Маркович! жизнь наша против прежнего стала, – говорит, – гораздо хуже.

«Вот те и раз, – думаю, – нашелся человек, которому даже хуже кажется».

– Чем же, – пытаю, – вам теперь, отец Иван, хуже?

– Да как же, сударь, не хуже? в прежнее время, при помещиках, сами изволите помнить, бывало, и соломкой, и хлебцем, и всем дворяне не

77

забывали, и крестьян на подмогу в рабочую пору посылывали; а ныне нет того ничего, и народ к нам совсем охладел.

– Народ-то, – говорю, – отчего же охладел? Это в ваших руках – возобновить его теплоту к религии.

– Нет, уж какое же, сударь, возобновление! Прежде он в крепостном звании страдал и был постоянно в нужде и в горести и прибегал в несчастии своем к Господу; а теперь, изволите видеть… нынче мужичок идет в церковь только когда захочет…

«Ну, – думаю, – лучше это мимо».

– Между собою, – любопытствую, – как вы теперь, батюшка, живете? – потому что я знал, всегда бывало здесь, как и везде: где два причта, там и страшная, бескровная война.

ГЛАВА ПЯТЬДЕСЯТ ПЕРВАЯ

Только что я коснулся в разговоре с отцом Иваном деликатной истории войны на поповках, мой собеседник так и замахал руками.

– Ужасно, сударь, Орест Маркович, ужасно, – говорит, – мы, духовные, к этому смятению подвержены, о мире всего мира Господа умоляем, а самим нам в этом недуге вражды исцеления нет.

Добродушный священник с сокрушением осенил себя крестом и, вздохнув, добавил:

– Думаю, – говорит, – что это не иначе как оттого, что где преизбыточествует благодать, там преобладает и грех.

– А ведь и ссориться-то, – говорю, – кажется, не за что бы?

– Да, совершенно, сударь, часто не за что.

– А все-таки ссоритесь?

– Да ведь как же быть: ссоримся-с и даже люто от сего страждем и оскудеваем.

Я посоветовал, что надо бы, мол, стараться уж как-нибудь ладить.

– Знаете, это так, – говорю, – надо делать: бери всяк в руки метлу да мети свою улицу – весь город и очистится. Блюди каждый сам себя, гони от себя смуту, вот она и повсюду исчезнет.

– Нельзя-с, – улыбается отец Иван, – другие товарищи не согласятся.

– Да что вам до товарищей?

– Нет-с; да теперь и время такое-с. Это надо было как-нибудь прежде делать, до сокращения, а теперь уж хоть и грех воровать, но нельзя миновать.

Чтоб отойти от этого вопроса, я только и нашелся, что, мол, хоть промежду себя-то с отцом Маркелом старайтесь ладить – не давайте дурного примера и соблазна темным людям!

– Да ничего, – отвечает отец Иван, – мы между собой стараемся, чтобы ладно… только вот отец Маркел у нас… коллега очень щекотисты…

– Что такое?

– К криминациям они имеют ужасное пристрастие: всё кляузничают ужасно. Впали в некую дружбу с нашим дьяконом Викторычем, а тот давно прокриминациями обязан, и намереваются вдвоем, чтобы как-нибудь меня со второго штата в заштат свести и вдвоем остаться по новому правилу.

– Это, – говорю, – жаль: «ничто добро, ничто красно, а жити, братие, вкупе».

– Какое уж, – отвечает, – «вкупе» жить, Орест Маркович, когда и на своем-то, на особом дворе, и то никак не убережешься! Вот как, изволите видеть: я все дома сижу. Как только пошел разговор про новые правила, что будут нас сокращать, я, опасаясь злых клевет и наветов, все сижу дома, – а по осени вдруг меня и вызывают к преосвященному. Знаете, дело это у нас, по духовному состоянию, столь страшное, что только вспомянешь про всеобжирающую консисторию, так просто лытки трясутся. Изволите знать сами, великий государь Петр Первый в регламенте духовном их наименовал: «оные архиерейские несытые собаки»… Говорить не остается, сударь!.. Семьдесят верст проехал, толконулся к секретарю, чтобы хоть узнать, зачем? «Ничего, говорят, не ведаем: тебя не консистория звала, а сам владыко по секрету вытребовали!» Предстаю со страхом самому владыке, – так и так, говорю, такой-то священник. Они как только услыхали мою фамилию, так и говорят: «А, это ты, такой-сякой, плясун и игрун!»

Я даже, знаете, пред владыкою онемел и устами слова не могу выговорить.

«Никак нет, – говорю, – ваше преосвященство: я жизнь провождаю тихую в доме своем».

«Ты еще противуречишь? Следуй, – говорят, – за мной!»

Привели меня в небольшой покойчик и из полбюра (не могу уж вам объяснить, что такое называлось полбюро) вынимает бумагу.

«Читай, – говорят, – гласно».

Я читаю в предстании здесь секретаря и соборного протодьякона. Пишет, – это вижу по почерку, – коллега мой, отец Маркел, что: «такого-то, говорит, числа, осеннею порою, в позднее сумеречное время, проходя мимо окон священника такого-то, – имя мое тут названо, – невзначай заглянул я в узкий створ между двумя нарочито притворенными ставнями его ярко освещенного окна и заметил сего священника безумно скачущим и пляшущим с неприличными ударениями пятами ног по подряснику».

«Остановись, – говорят его преосвященство, – на сем пункте и объясни, что ты можешь против этого в оправдание свое ответствовать?»

«Что же, – говорю, – владыко святый, все сие истинно».

«Зачем же это, – изволят спрашивать, – ты столь нагло плясал, ударяя пятками?»

«С горя, – говорю, – ваше преосвященство».

«Объяснись!» – изволили приказать.

«Как по недостаточности моего звания, – говорю, – владыко святый, жена моя каждый вечер, по неимению работницы, отправляется для доения коровы в хлев, где хранится навоз, то я, содержа на руках свое малое грудное дитя, плачущее по матери и просящее груди, – как груди дать ему не имею и чем его рассеять, не знаю, – то я, не умея настоящих французских танцев, так с сим младенцем плавно пожидовски прискакую по комнате и пою ему: „тра-та-та, тра-та-та, вышла кошка за кота“ или что другое в сем роде невинного содержания, дабы оно было утешно от сего, и в том вся вина моя».

Владыка задумались и говорят:

«Хорошо, сие непредосудительно, в сих целях как отец невозбранно танцевать можешь, но читай дальше».

«Другажды, – читаю, пишут отец Маркел, – проходя с дьяконом случайно вечернею порою мимо дома того же священника отца Иоанна, опять видели, как он со всем своим семейством, с женою, племянником и с купно приехавшею к нему на каникулярное время из женской гимназии племянницею, азартно играл в карты, яростно ударяя по столу то кралею, то хлапом, и при сем непозволительно восклицал: „никто больше меня, никто!“» Прочитав сие, взглянул я на преосвященного владыку и, не дожидаясь его вопроса, говорю:

«И сие, ваше преосвященство, правда. Точно, – говорю, – однажды, и всего только однажды, играл я по случаю племянницына приезда, но было сие не для ради забавы и празднолюбия, а с философскою целью, в видах указания превосходства Адамова пола пред Евиным полом; а отнюдь не для праздной забавы и утешения».

«Объяснись, – говорит владыко, – и в этом!»

«Было, – говорю, – сие так, что племянница моя, дочь брата моего, что в приказные вышел и служит советником, приехав из губернии, начала обременять понятия моей жены, что якобы наш мужской пол должен в скорости обратиться в ничтожество, а женский над нами будет властвовать и господствовать; то я ей на это возразил несколько апостольским словом, но как она на то начала, громко хохоча, козлякать и

80

брыкать, книги мои без толку порицая, то я, в книгах нового сочинения достаточной практики по бедности своей не имея, а чувствуя, что стерпеть сию обиду всему мужскому колену не должен, то я, не зная, что на все ее слова ей отвечать, сказал ей: „Буде ты столь превосходно умна, то скажи, говорю, мне такое поучение, чтоб я признал тебя в чем-нибудь наученною“; но тут, владыко, и жена моя, хотя она всегда до сего часа была женщина богобоязненная и ко мне почтительная, но вдруг тоже к сей племяннице за женский пол присоединилась, и зачали вдвоем столь громко цокотать, как две сороки, „что вас, говорят, больше нашего учат, а мы вас все-таки как захотим, так обманываем“, то я, преосвященный владыко, дабы унять им оное обуявшее их бессмыслие, потеряв спокойствие, воскликнул:

„Стой, – говорю, – стой, ни одна не смей больше ни слова говорить! Этого я не могу! Давайте, – говорю, – на том самом спорить, на чем мы все поровну учены, и увидим, кто из нас совершеннее? Есть, – говорю, – у нас карты?“»

Жена говорит: есть.

«Давай, – говорю, – сюда карты».

Жена подала карты.

Говорю:

«Сдавай в дураки!»

Сдали. Я и жену и племянницу ученую кряду по три раза дураками оставил. Довольно, говорю, с вас, но видя, что они и сим еще мало в неправоте своего спора убедились, говорю:

«Сдавай в короли!»

Сдали в короли. Я вышел королем, сынишку – виноват, ваше преосвященство, сынишку тоже для сего диспута с собою посадил, – его в принцы вывел, а жену в мужики. Вот, говорю, твое место; а племянницу солдатом оставил, – а это, мол, тебе и есть твоя настоящая должность.

«Вот, – говорю, – ваше преосвященство, истинно докладываю я, едино с сею философскою целью в карты играл и нимало себя и мужской пол не уронил».

Владыка рассмеялись. «Ступай, – говорят, – игрун и танцун, на свое место», а отцу Маркелу с дьяконом нос и утерли… но я сим недоволен…

– Помилуйте, – говорю, – да чего же вам еще?

– Как чего? Ах, нет, Орест Маркович, так нельзя: ведь они вон, и дьякон, и отец Маркел, по сие время ходят, и отец Маркел все вздыхает на небо.

– Так что же вам до этого?

– Ах, как вы это располагаете: это они прокриминацию затевают… Нет, пока эти новые права взойдут, тут еще много греха будет!

81

ГЛАВА ПЯТЬДЕСЯТ ВТОРАЯ

Встречаю на другой день в березовой рощице отца дьякона; сидит и колесные втулки сверлит.

– Вы, – говорю, – отец дьякон, как поживаете?

– Ничего, – говорит, – Орест Маркович; живем преестественно в своем виде. Я в настоящее время нынче все овцами занимаюсь.

– А! а! скажите, – говорю, – пожалуй, торговать пустились?

– Да-с, овцами, и вот тоже колеса делаю и пчел завел.

– И что же, – говорю, – счастливо вам ведется?

– Да как вам доложить: торгую понемножку. Нельзя: время такое пришло, что одним нынче духовенству ничем заниматься нельзя. Нас ведь, дьяконов-то, слыхали?.. нас скоро уничтожат. У нас тут по соседству поливановский дьякон на шасе постоялый двор снял, – чудесно ему идет, а у меня капиталу нет: пока кой-чем берусь, а впереди никто как Бог. В прошлом году до сорока штук овец было продал, да вот Бог этим несчастьем посетил.

– Каким, – говорю, – несчастьем?

– Да как же-с? разве не изволили слышать? ведь мы всё просудили с отцом Маркелом.

– Да, да, – говорю, – слышал; рассказывал мне отец Иван.

– Да мы, – говорит, – с ним, с отцом Иваном, тут немного поссорились, и им чрез нас вдобавок того ничего и не было насчет их плясоты, а ведь они вон небось вам не рассказали, что с ними с самими-то от того произошло?

– Нет, мол, не говорил.

– Они ведь у нас к нынешнему времени не от своего дела совсем рассудок потеряли. Как с племянницею они раз насчет бабьего над нами преимущества поспорили, так с тех пор всё о направлении умов только и помышляют. Проповеди о посте или о молитве говорить они уже не могут, а всё выйдут к аналою, да экспромту о лягушке: «как, говорят, ныне некие глаголемые анатомы в светских книгах о душе лжесвидетельствуют по рассечению лягушки», или «сколь дерзновенно, говорят, ныне некие лжеанатомы по усеченному и электрическою искрою припаленному кошачьему хвосту полагают о жизни»… а прихожане этим смущались, что в церкви, говорят, сказывает он негожие речи про припаленный кошкин хвост и лягушку; и дошло это вскоре до благочинного; и отцу Ивану экспромту теперь говорить запрещено иначе как по тетрадке, с пропуском благочинного; а они что ни начнут сочинять, – всё опять мимоволыю или от лягушки, или – что уже совсем не идуще – от кошкина хвоста пишут и, главное, всё понапрасну, потому что говорить им этого ничего никогда не позволят. Вы у них изволили быть?

– Был.

– И непременно за писанием их застали?

– Кажется, – говорю, – он точно что-то писал и спрятал.

– Спрятал! – быстро воскликнул дьякон, – ну так поздравляю же вас, сударь… Это он опять расчал запрещенную проповедь.

– Да почему же вы так уверены, что он непременно запрещенную проповедь пишет?

– Да потому, что и о лягушке, и о кошкином хвосте, и о женском правиле им это все запрещено, а они уж не свободомысленны и от другого теперь не исходят.

– Отец Маркел же, – любопытствую, – свободнее?

Дьякон крякнул и рукой махнул.

– Тоже, – говорит, – сударь, и они сильно попутаны; но только тот ведь у нас ко всему этому воитель на враги одоления продерзостью возмогает.

– Вот как?

– Как же-с! Они, отец Маркел, видя, что отцу Ивану ничего по их доносу не вышло ни за плясание, ни за карты, впали в ужасную гневность и после, раз за разом, еще сорок три бумаги на него написали. «Мне, твердят, уж теперь все равно; если ему ничего не досталось, так и я ничего не боюсь. Я только, говорят, дороги не знаю, а то я бы плюнул на всех и сам к Гарибальди пошел». Мне даже жаль их стало, потому ничего не успевает, а наипаче молва бывает. Я говорю: «Отец Маркел, бросьте все это: видите, говорю, что ничего уже от него при нынешнем начальстве не позаимствуешь». Не слушает. Я матушку их, супругу, Марфу Тихоновну, начал просить. «Матушка, говорю, вы уговорите своего отца Маркела, чтоб он бросил и помирился, потому как у нас по торговой части судбище считается всего хуже, а лучше всего мир». Матушка сразу со мной согласились, но говорят: «Ох, дьякон, молчи: он просто вроде как бы в исступлении ума». Стоим этак с нею за углом да разговариваем, а отец Маркел и вот он.

«Что, – говорит, – все тут небось про меня злословите?»

Матушка говорит: «Маркел Семеныч, ты лучше послушай-ка, что дьякон-то как складно для тебя говорит: помирись ты с отцом Иваном!» А отец Маркел как заскачет на месте: «Знаю, говорит, я вас, знаю, что вы за люди с дьяконом-то». И что же вы, сударь, после сего можете себе представить? Вдруг, сударь мой, вызывает меня через три дня попадья, Марфа Тихоновна, через мою жену на огород.

«Ох, дьякон, – говорит, – ведь нам с тобой плохо!»

«Что, мол, чем плохо?»

«Да ведь мой отец Маркел-то на нас с тобой третьего дня репорт послал».

Так, знаете, меня варом и обварило…

«Как так репорт? В каком смысле?»

«А вот поди же! – говорит. – Как мы с тобой онамедни за углом стояли, он после того целую ночь меня мучил: говори, пристает, жена, как дьякон тебе говорил: чем можно попа Ивана изнять?»

«Ничем, – говорю, – его изнять нельзя!»

«А! ничем! ничем! – говорит, – это я знаю: это тебя дьякон научил. Ты теперь, – говорит, – презрев закон и религию, идешь против мужа». И так меня тут таким словом обидел, что я тебе и сказать не могу.

«Матушка, да это что же, мол, такое несообразное?»

«Нет, а ты, – говорит, – еще подожди, что будет?» И потом он целый день все со мной воевал и после обеда и, слава богу, заснул, а я, плачучи, вынула из сундука кусочек холстинки, что с похорон дали, да и стала ему исподние шить; а он вдруг как вскочит. «Стой, говорит, злодейка! что ты это делаешь?» – «Тебе, говорю, Маркел Семеныч, исподние шью». – «Врешь, говорит, ты это не мне шьешь, а ты это дьякону».

Ну, разумеется, попадья – женщина престарелая – заплакала и подумала себе такую женскую мысль, что дай, мол, я ему докажу, что я это ему шью, а не дьякону, и взяла красной бумаги и начала на тех исподних литеры веди метить, а он, отец Маркел, подкрался, да за руку ее хап.

«А! – говорит, – вот когда я тебя поймал! Что ты тут выводишь?»

«Твое имено выставляю, „веди“» , – говорит попадья.

«А что такое, – говорит, – обозначает это веди? »

Попадья говорит, что обозначает его фамилию: «Веденятин», а он говорит: «Врешь, эти веди значит Викторыч, дьякон, и я, говорит, об этом рапорт донесу». Сел ночью и написал.

Я даже не воздержался при этих словах дьякона и воскликнул:

– Фу, какая глупость!

– Нет-с, вы еще насчет глупости подождите, – останавливает рассказчик, – почему же это веди означает что «Викторыч», когда имя мое Еремей , а фамилия Козявкин? Ведь это с их стороны ничего более, как одна глупая забывчивость, что сколько лет со мною священнодействуют, а не знают, как их дьякона зовут! А между тем, как вы, сударь, полагаете? – воскликнул дьякон, становясь в наполеоновскую позицию, – что из того воспоследовало? На третий день благочинный приехал, уговаривал отца Маркела, что, мол, по вашему сану, хоша бы и точно такое дело было, так его нельзя оглашать, потому что за это вы сана лишитесь. Но отец Маркел:

«Пускай, говорят, я лучше всего решусь, а этого так не пожертвую». Позвали нас в консисторию. Отец Маркел говорит: «Я ничего не боюсь и поличное с собою повезу», и повезли то белишко с собою; но все это дело сочтено за глупость, и отец Маркел хоша отослан в монастырь на дьячевскую обязанность, но очень в надежде, что хотя они генерала Гарибальди и напрасно дожидались, но зато теперь скоро, говорит, граф Бисмарков из Петербурга адъютанта пришлет и настоящих русских всех выгонит в Ташкент баранов стричь... Ну пусть, но ведь это еще, может, пока один разговор такой... А я страждую и всего уже больше как на тридцать овец пострадовал. А за что? За соседскую глупость, а меж тем, если этак долго эти приходы не разверстаются у нас, всё будут идти прокриминации, и когда меня в настоящем виде сократят, мне по торговой части тогда уж и починать будет не с чем. Вот что, Орест Маркович, духовное лицо у нас теперь в смущение приводит.

ГЛАВА ПЯТЬДЕСЯТ ТРЕТЬЯ

Так помаленьку устраиваясь и поучаясь, сижу я однажды пред вечером у себя дома и вижу, что ко мне на двор въехала пара лошадей в небольшом тарантасике, и из него выходит очень небольшой человечек, совсем похожий с виду на художника: матовый, бледный брюнетик, с длинными, черными, прямыми волосами, с бородкой и с подвязанными черною косынкой ушами. Походка легкая и осторожная: совсем петербургская золотуха и мозоли, а глаза серые, большие, очень добрые и располагающие.

Подойдя к открытому окну, у которого я стоял, гость очень развязно поклонился и несколько меланхолическим голосом говорит:

– Я не из самых приятных посетителей; ваш становой Васильев, честь имею рекомендоваться, – и с этим направляется на крыльцо, а я встречаю его на пороге.

Должен вам сказать, что я питаю большое доверие к первым впечатлениям, и этот золотушный становой необыкновенно понравился мне, как только я на него взглянул. Я всегда видал становых сытых, румяных, даже красных, мешковатых, нескладных и резких, а таких, как этот, мне никогда и в ум не приходило себе представить.

– Рад, – говорю, – очень с вами познакомиться, – и, поверьте, действительно был рад. Такой мягкий человек, что хоть его к больной ране прикладывай, и особенно мне в нем понравилось, что хотя он с вида и похож на художника, но нет в нем ни этой семинарской застенчивости, ни маркерской развязности и вообще ничего лакейского, без чего художник у нас редко обходится. Это просто входит бедный джентльмен, – в своем роде олицетворение благородной и спокойной гордости и нищеты рыцаря Ламанчского.

– Благодарю за доброе слово, – отвечает он тихо и кротко на мое приветствие и, входя, добавляет: – Впрочем, я, по счастию, действительно привез вам такие вести, что они стоят доброго слова, – и с этим дает мне бумагу, а сам прямо отходит к шкафу с книгами и начинает читать титулы переплетов.

Я пробежал бумагу и вижу, что предводитель дворянства нашей губернии, в уважение долгого моего пребывания за границей и приобретенных там познаний по части сельского благоустройства, просит меня принять на себя труд приготовить к предстоящему собранию земства соображения насчет возможно лучшего устройства врачебной части в селениях.

ГЛАВА ПЯТЬДЕСЯТ ЧЕТВЕРТАЯ

Как я кончил читать, становой ко мне оборачивается и говорит:

– А что, я ведь прав: вам, конечно, будет приятно для бедного человечества поработать.

Я отвечаю, что он-то прав и что я действительно с удовольствием возьмусь за поручаемое мне дело и сделаю все, что в силах, но только жалею, что очень мало знаю условия теперешнего сельского быта в России, и добавил, что большой пользы надо бы ожидать лишь от таких людей, как он и другие, на глазах которых начались и совершаются все нынешние реформы.

– И, полноте! – отвечает становой, – да у меня-то о таких практических делах вовсе и соображения нет. Я вот больше все по этой части, – и он кивнул рукой на шкаф с книгами.

Нам подали чай, и мы сели за стол.

– Вам, – начинает становой, – можно очень позавидовать: вы, кажется, совсем определились.

Я посмотрел на него вопросительно. Он понял мое недоумение и сейчас объяснил:

– Я это сужу по вашим книгам, – у вас все более книги исторические.

– Это, – отвечаю, – книги подбора моего покойного дяди, а вы меня застали вот за «Душою животных» Вундта, – и показываю ему книгу.

– Не читал, – говорит, – да и не желаю. Господин Вундт очень односторонний мыслитель. Я читал «Тело и душа» Ульрици. Это гораздо лучше. Признавать душу у всех тварей это еще не бог весть какое свободомыслие, да и вовсе не ново. Преосвященный Иннокентий ведь тоже не отвергал души животных. Я слышал, что он об этом даже писал бывшему киевскому ректору Максимовичу, но что нам еще пока до душ животных, когда мы своей души не понимаем? Согласитесь – это важнее.

Я согласился, что стремление постичь свою душу очень важно.

– Очень рад, что вы так думаете, – отвечал становой, – а у нас этим важнейшим делом в жизни преступно пренебрегают. А кричат: «наш век! наш век!» Скажите же, пожалуйста, в чем же превосходство этого века пред веками Платона, Сократа, Сенеки, Плутарха, Канта и Гегеля? Что тогда стремились понять, за то теперь даже взяться не знают. Это ли прогресс!.. Нет-с: это регресс, и это еще Гавриилом Романовичем Державиным замечено и сказано в его оде «На счастие», что уж человечество теряет умственный устой: «Повисли в воздухе мартышки, и весь свет стал полосатый шут». Я понимаю прогресс по Спенсеру, то есть прогресс вижу в наисовершеннейшем раскрытии наших способностей; но этот «наш век» какие же раскрыл способности? Одни самые грубые. У нас тут доктор есть в городе, Алексей Иванович Отрожденский, прекрасный человек, честный и сведущий, – вам с ним даже не худо будет посоветоваться насчет врачебной части в селениях, – но ужасно грубый материалист. Даже странно: он знает, конечно, что в течение семи лет все материальное существо человека израсходывается и заменяется, а не может убедить себя в необходимости признать в человеке независимое начало, сохраняющее нам тождественность нашего сознания во всю жизнь. Какое отупение смысла! Это даже обидно, и мне очень неприятно. Я здоровья, видите, не богатырского и впечатлителен и от всех этаких вещей страдаю, а здесь особенно много охотников издеваться над вопросами духовного мира. Это, по-моему, не что иное, как невежество, распространяемое просвещением, и я оправдываю Льва Николаича Толстого, что он назвал печать «орудием невежества». По крайней мере по отношению к знаменитому «нашему веку» это очень верно. Предания и внутренний голос души ничего подобного не распространяют.

«Вот, – думаю, – какая птица ко мне залетела!»

– Вас, – говорю, – кажется, занимают философские вопросы.

– Да, немножко, сколько необходимо и сколько могу им отдать при моей службе; да и согласитесь, как ими не интересоваться: здесь живем минуту, а там вечность впереди нас и вечность позади нас, и что такое мы в этой экономии? Неужто ничто? Но тогда зачем же все хлопоты о правах, о справедливости? Зачем даже эти сегодняшние хлопоты об устройстве врачебной помощи? Тогда, все вздор, nihil[18]. Не все ли равно, так ли пропадут эфемериды или иначе? Минутой раньше или минутой позже, не все ли это равно? Родительское чувство или гуманность… Да и они ничтожны!.. Если дети наши мошки и жизнь их есть жизнь мошек или еще того менее, так о чем хлопотать? Родилось, умерло и пропало; а если все сразу умрут, и еще лучше, – и совсем не о чем будет хлопотать. А уж что касается до иных забот – о правах, о справедливости, о возмездии, об отмщении притеснителям и обо всем, о чем теперь все говорят и пишут, так это уж просто сумасшествие: стремиться к идеалам для того, что само в себе есть nihil!.. Я не понимаю такого идеализма при сознании своей случайности.

«Позвольте, да что же это за становой!»

ГЛАВА ПЯТЬДЕСЯТ ПЯТАЯ

Я крайне заинтересовался моим гостем и говорю ему, что любопытствую знать, какого мнения держится он об этом сам?

– Я вам на это, – говорит, – могу смело отвечать: я держусь самого простого мнения и, как мне и очень многим кажется, самого ясного: в экономии природы ничто не исчезает, никакая гадость; за что же должно исчезнуть одно самое лучшее: начало, воодушевлявшее человека и двигавшее его разум и волю? Этого не может быть! Разумеется, утверждают, что все это не материя, а функция; я, однако, этого мнения не разделяю и стою за самостоятельное начало душевных явлений. Конечно, об этом теперь идут и почти всегда шли бесконечные споры, но меня это не смущает: во-первых, истинные ученые за нас… Вон уж и Лудвиг в «Lehrbuch der Physiologie[19]» прямо сознает, что в каждом ощущении, кроме того, что в нем может быть объяснено раздражением нервов, есть нечто особенное, от нерв независимое, а душой-то все эти вопросы постигаются ясно и укладываются в ней безмятежно. Отрожденский все упирает на то, что даже и самому Строителю мира места будто бы нигде нет; а я ему возражаю, что мы и о местах ничего не знаем, и указываю на книжку Фламмариона «Многочисленность обитаемых миров», но он не

---

[18] Ничто (лат.).

[19] "Учебник физиологии" (нем.).

хочет ее читать, а только бранится и говорит: «Это спиритские бредни». Но какие же спиритские бредни, когда ведь он сам этой книги не читал и даже не знает, что Фламмарион профессор астрономии? Вот таким образом с ним совсем спорить и невозможно.

– Вы метафизик?

– Нет, я в вопросах этого рода редко иду путем умозаключений, хотя и люблю искусную и ловкую игру этим орудием, как, например, у Лаврентия Стерна, которого у нас, впрочем, невежды считают своим братом скотом, между тем как он в своем «Коране» приводит очень усердно и тончайшие фибры Левенхука, и песчинку, покрывающую сто двадцать пять орифисов, через которые мы дышим, и другое многое множество современных ему открытий в доказательство, что вещи и явления, которых мы не можем постигать нашим рассудком, вовсе не невозможны от этого, – но все это в сторону. Я признаю священные тайны завета и не подвергаю их бесплодной критике. К чему, когда инструмент наш плох и не берет этого?

Нет, постижение сверхъестественного и духовного метафизическим методом, по-моему, не приносит никакого утешения и только сбивает. Разве иногда в шутку с Отрожденским, когда он издевается над вечностью и отвергает все неисследимое на том основании, что все сущее будто бы уже исследовано в своих явлениях и причинах, ну тогда я, шутя, дозволяю себе употребить нечто вроде метафизического метода таким образом, что спросишь: известно ли ученым, отчего кошки слепыми рождаются? отчего конь коню в одном месте друг друга чешут? отчего голубь в полночь воркует? «Неизвестно!..» Но, говорит, – «это вздор!» Как вздор? Вот уж сейчас отсюда прямо и пойдет несостоятельность и посылки на то, что еще «откроют». Дай Бог, конечно, открытий, я их жарко желаю, – не по своей, разумеется, должности, – но все, что ученые откроют, то все в нашу пользу, а не в пользу материалистов. Вон материалисты невесть как радовались работам над мозгами, а что вышло? Открыто, что мозг свиньи и дельфина очень развит, а собака ведь умнее их, хоть мозг ее развит и хуже. Вот вам и доказали!

Становой добродушно засмеялся.

– Вы, – любопытствую, – в духовной академии воспитывались или в университете?

– Нет, я так, кое в каком французском пансионишке учился: в казенное заведение, по тогдашним правилам, я не мог попасть, потому что Васильев, как я называюсь, – это ведь не настоящая, то есть не родовая моя фамилия. Моя покойница матушка была швейцарка... девица... очень бедная... в экономках служила у одного русского помещика. Отца своего я не знал... я... понимаете, только сын своей матери, и Васильевым называюсь по крестному отцу. Сам я, однако, русский, а в чины произошел таким образом, что в Харьковском университете экзамен на уездного учителя выдержал; но матушка пожелала, чтоб я вышел из учителей и пошел в чиновники. Находила, что это благороднее; может быть, заблуждалась; ну, это ей так было угодно, – я исполнил ее волю; а теперь уж и она скончалась, а я все служу. Боюсь, чтоб ей не было неприятно, что я как будто ждал ее кончины. Да и зачем менять?

– Но насколько, – говорю, – смею позволить себе судить о вас по нашему мимолетному знакомству и по вашим искренним словам, – вам, вероятно, учительские занятия были бы гораздо сроднее, чем обязанности полицейской службы?

– Ах, полноте: не все ли это равно, на каком стуле ни посидеть в чужой гостиной? Не оглянешься, как праотцы отсюда домой позовут. Нет, это мне совершенно все равно: на умеренные мои потребности жалованья мне достает; я даже и роскошь себе позволяю, фортепиано имею; а служба самая легкая: все только исполняю то, что велено, а своею совестью, своим разумом и волей ни на волос ничего не делаю… Как хотите, эти выгоды чего-нибудь да стоят; я совершенно безответствен! Знаете, summa jus summa injuria – высочайшее право есть высочайшее бесправие. Вот если б у меня была такая ужасная должность, как, например, прокурорская, где надо людей обвинять, – ну, это, разумеется, было бы мне нестерпимо, и я бы страдал и терзался; но теперь я совершенно доволен моим положением и счастлив.

– Но жаль, – замечаю, – что вы себе, например, не усвоили адвокатуры. Вы могли бы принести много добра.

– Ах, нет, пожалуйста, не жалейте! Да и какое там возможно добро? Одного выручай, другого топи. Нет, это тоже не по мне, и я благодарю Бога, что я на своем месте.

– Да уж судьей даже, и то, – настаиваю, – вы были бы более на месте.

– Нет, Боже меня сохрани: что здесь за правда, на этой планете, и особенно юридическая правда, которая и на наши-то несовершенные понятия совсем не правда, а часто одно поношение правды! Да иначе и быть не может. Юридическая правда идет под чертою закона несовершенного, а правда нравственная выше всякой черты в мире. Я ведь, если откровенно говорить, я до сих пор себе не решил: преступление ли породило закон или закон породил преступление? А когда мысленно делаю себя чьим-нибудь судьей, то я, в здравом уме, думаю, как король Лир думал в своем помешательстве: стоит только вникнуть в историю преступлений и видишь: «нет виноватых». Я знаю, что это противно – не законам гражданским, – нет, я об этом вздоре не говорю, но это противно положениям, вытекающим из понятия о самостоятельности душевных явлений. Вот тут и начинается мой разлад и неопределенность, потому что я все-таки чувствую, что «нет виноватых», а это несовместимо. Отрожденский уверяет меня, что я сумасшедший. Он видит вопиющую несообразность в том, что я, допуская свободную волю, не оправдываю убийства и мщения, и клянется, что меня за мои несообразности когда-нибудь в желтый дом посадят. Но скажите, бога ради, разве меньшая несообразность утверждать, что у человека нет свободной воли, что он зависит от молекул и от нервных узлов, и в то же самое время мстить ему за то, что он думает или поступает так, а не этак? Ведь это верх несправедливости! Нет, я убежден, что мстить и убивать человека не следует ни обыкновенным людям, ни правителям. Никто не виноват – «нет виноватых»! Если все дело в наших молекулах и нервах, то люди ни в чем не виноваты, а если душевные движения их независимы, то «правители всегда впору своему народу», как сказал Монтескье; потом ведь… что же такое и сами правители? Что тут серьезного, и с кем из них стоит считаться? Все это такое nihil, такое ничто … Один крошечку получше, другой крошечку похуже: не все ли это равно тому, кто совсем нигилист и кто не гилист? Это может озабочивать одну мелочь: газетчиков, журналистов и другой подобный им мелкий люд, но не настоящего человека, постигающего свое призвание. Другое дело, если бы могло идти дело о чем-нибудь таком, чем бы достигалась общая правда…

– А вы надеетесь, что она достижима?

– Еще бы! Непременно-с достижима.

ГЛАВА ПЯТЬДЕСЯТ ШЕСТАЯ

Становой улыбнулся, вздохнул и, помолчав, тихо проговорил в раздумье:

– Одна минута малейшего сомнения в этом была бы минута непростительной, малодушной трусости.

– А как близка эта минута? Когда вы ожидаете видеть царство всеобщей правды?

Становой снова улыбнулся, беззаботно и бодро крякнув, отвечал, что год тому назад ему лучшие врачи в Петербурге сказали, что он больше двух лет не проживет.

– Ну, допустите, – говорит, – что эти ученые люди при нынешней точности их основательной науки лет на десять ошиблись, а все-таки мне, значит, недалеко до интересного дня.

– То есть вы интересным днем считаете день смерти?

– Да, когда отворится дверь в другую комнату. Аполлон Николаевич Майков с поэтическим прозорливством подметил это любопытство у Сенеки в его разговоре с Луканом в «Трех смертях»! Согласитесь, что это самый интереснейший момент в человеческой жизни. Вот я сижу у вас, и очень весело обо всем мы рассуждаем, а ведь я не знаю, есть ли у вас кто там, за этой запертою дверью, или никого нет? А между тем всякий шорох оттуда меня... если не тревожит, то интересует: кто там такой? что он делает? А сердиться на то, что вы мне этого не сообщаете, – я не смею: вы хозяин, вы имеете право сказать мне об этом и имеете право не сказать. Это так; но раз что я заподозрил, что там кто-то есть, я все-таки должен лучше предполагать, что там хорошее общество. Я обязан так думать из уважения к хозяину, и вот я стараюсь быть достойным этого общества, я усиливаюсь держать себя порядочно, вести разговор, не оскорбляющий развитого чувства. Проходит некоторое время, и вдруг вы, по тем или другим соображениям, отворите двери и попросите меня перейти в то общество... мне ничего; мне не стыдно, и меня оттуда не выгонят. А держи я себя здесь сорванцом и негодяем, мне туда или от стыда нельзя будет взойти, или просто меня даже не пустят.

– А если там никого и ничего нет, в той комнате?

– Что ж такое? Если и так, то разве мне хуже оттого, что я вел себя крошечку получше? Я и тогда все-таки не в потере. Поверьте, что самое маленькое усовершенствование есть в сущности очень большое приобретение и доставляет изящнейшее наслаждение. Я ведь отрицаю значение так называемых великих успехов цивилизации: учреждения, законы – это все только обуздывает зло, а добра создать не может ни один гений; эта планета исправительный дом, и ее условия неудобны для общего благоденствия. Человек тут легко обозливается и легко падает. Вот на этот-то счет и велико учение церкви о благодати, которая в церковном единении восполняет оскудевающих и регулирует вселенскую правду.

– Скажите, – говорю, – бога ради: зачем же вы, при таком вашем воззрении на все, не ищете места священника?

– Это уж не вы одни мне говорите, но ведь все это так только кажется, а на самом деле я, видите, никак еще для себя не определюсь в самых важных вопросах; у меня все мешается то одно, то другое... Отрожденский – тот материалист, о котором я вам говорил, – потешается над этими моими затруднениями определить себя и предсказывает, что я определю себя в сумасшедший дом; но это опять хорошо так, в шутку, говорить, а на самом деле определиться ужасно трудно, а для меня даже, кажется, будет и совсем невозможно; но чтобы быть честным и последовательным, я уж, разумеется, должен идти, пока дальше нельзя будет.

– В чем же, – говорю, – ваши затруднения? Может быть, это что-нибудь такое, что, при известных стараниях, при известных усилиях, могло бы быть улажено?

– Нет, благодарю вас; это дело здесь, в России, уже неисправимое: я сам виноват, я был неосторожен или, если вы хотите, доверчив – и попался. Позвольте – я вам это расскажу?

– Ах, пожалуйста!

– Извольте, случай прекурьезный.

ГЛАВА ПЯТЬДЕСЯТ СЕДЬМАЯ

– Я был очень рад, – начал становой, – что родился римским католиком; в такой стране, как Россия, которую принято называть самою веротерпимою, и по неотразимым побуждениям искать соединения с независимейшею церковью, я уже был и лютеранином, и реформатом, и вообще три раза перешел из одного христианского исповедания в другое, и все благополучно; но два года тому назад я принял православие, и вот в этом собственно моя история. Мне оно очень нравилось, но особенно в этом случае на меня имели очень большое влияние неодобренные сочинения Иннокентия и запрещенные богословские сочинения Хомякова, написанные, впрочем, в строго православном духе. Это могущественная пропаганда в пользу православия. Я убедился из второго тома этих сочинений в чистоте и многих превосходствах восточного православия, а особенно в его прекрасном устранении государства в деле веры. Пленясь этим, я с свободнейшею совестью перешел в православие: но… оказывается, что этой веры я уже переменить не могу.

– Конечно, – говорю, – не можете. А вы этого не знали?

– Представьте, этого-то я и не знал; а то, разумеется, я подождал бы.

– То есть, чего же вы подождали бы?

– Испытал бы прежде еще некоторые другие вероисповедания, которые можно переменить, а православие оставил бы на самый послед.

– Да зачем же, – спрашиваю, – это вам нужно менять его? Разве вы разочаровались и в убедительности слов Иннокентия и Хомякова, и в чистоте самого православия?

– Нет, не разочаровался нисколько ни в чем, но меня смутило, что

93

православия нельзя переменить. Сознание этой несвободности меня лишает спокойствия совести. Самостоятельность моя этим подавлена и возмущается. Я подал просьбу, чтоб мне позволили выйти, а если не позволят, то думаю уйти в Турцию, где христианские исповедания не имеют протекции и оттого в известном отношении свободнее и ближе к духу Христова учения. Жду с нетерпением ответа, а теперь прощайте и извините меня, что я отнял у вас много времени.

Я было просил его поужинать и переночевать, но становой от этого решительно отказался и сказал, что он должен еще поспешить в соседнюю деревню для продажи «крестьянских излишков» на взыскание недоимки.

– Какие же вы у них находите «излишки»? – спрашиваю его на пороге.

– А какие у них могут быть излишки? Никаких. Продаем и ложку, и плошку, овцу, корову – все, кроме лошадей и сох.

– И что же, вы производите это, не смущаясь совестью и без борьбы?

– Ну, как вам сказать, операция самая неприятная, потому что тут и детский плач, и женский вой, и тяжелые мужичьи вздохи... одним словом, все, что описано у Беранже: «вставай, брат, – пора, подать в деревне сбирают с утра»... Очень тяжело; но ведь во всяком случае видеть эти страдания и скорбеть о своем бессилии отвратить их все-таки легче, чем быть их инициатором. Мои обязанности все-таки всех легче: я машина, да-с, я ничто другое, как последняя спица в колеснице: с меня за это не взыщется, а тем, кто эти денежки тянет да транжирит без толку... Ох, я скорблю за них; а впрочем, все равно: везде непонимание – «нет виноватых, нет виноватых», да, может быть, нет и правых.

На сих словах мы расстались с этим антиком, и он уехал.

ГЛАВА ПЯТЬДЕСЯТ ВОСЬМАЯ

Становой Васильев довольно долго не шел у меня из головы, и я даже во сне не раз видал его священником в ризе, а в его фуражечке с кокардой – отца Маркела, ожидавшего себе в помощь генерала Гарибальди из Петербурга. Впрочем, я и въявь был того убеждения, что им очень удобно было бы поменяться местами, если бы только не мешало становому смущавшее его недозволение переменить православную веру, которую он собственно и не имел нужды переменять. Но вопрос об устройстве врачебной части в селениях занимал меня еще более и вытеснил на время из моей головы и ссоры нашей поповки, и религиозно-философские сомнения моего приходского станового. Я никогда ничем дельным не послужил земле своей и потому при этом случае, представлявшемся мне порадеть в ее пользу, взялся за дело с энергией, какой даже не предполагал в себе.

Я принялся писать. Пока я излагал историческое развитие этого дела в чужих краях, все у меня шло как по маслу; но как только я написал: «обращаемся теперь к России» – все стало в пень и не движется.

С великими натугами скомпилировал я кое-как, по официальным источникам, то, что разновременно предполагалось и установлялось для народного здравия; но чувствую, что все это сухо и что в исполнении, как и в неисполнении всех этих предначертаний и указов, везде или непроглядная тьма, или злая ирония… Выходит, что все это никуда не годилось, кроме как на смех… А что здесь гоже? что приимчиво? что в этом роде может принести добрый плод на нашей почве?.. Просто отчаяние! Чем больше думаю, тем громаднее вырастают и громоздятся передо мною самые ужасные опасения насмешек жизни. Комическая вещь, в самом деле, если и в настоящем случае с народом повторится комедия, которую господа врачи разыгрывают с больными нищими, назначая им лафит к столу и катанье пред обедом в покойной коляске!.. А с другой стороны, что же и присоветуешь, когда лафит и коляска нужны? Говорят: главное дело гигиена; но бога ради: какая же такая гигиена слыхана в русской избе?.. А между тем до собраний, в которые я должен явиться, остается уже недалеко, и надо будет представить дело в обстоятельном изложении, с обдуманными предположениями. Что же предполагать и что планировать? Просто до некоторого отчаяния дошел я и впал в такую нервическую раздражительность, что на себя управы никакой не находил.

Думал, думал и, видя, что ничего не выдумаю, решил себе съездить в свой уездный город и повидаться с тем материалистом-врачом Отрожденским, о котором мне говорил и с которым даже советовал повидаться становой Васильев. Сказано – сделано: приезжаю в городишко, остановился на постоялом дворе и, чтобы иметь предлог познакомиться с доктором не совсем официальным путем, посылаю просить его к себе как больной врача.

ГЛАВА ПЯТЬДЕСЯТ ДЕВЯТАЯ

Человек пошел и через минуту возвращается.

– Лекарь, – говорит, – не пошли-с.

– Как, – спрашиваю, – отчего он не пошел?

– Начали, – говорит, – расспрашивать: «Умирает твой барин или нет?» Я говорю: «Нет, слава богу, не умирает». – «И на ногах, может быть, ходит?» – «На чем же им, отвечаю, и ходить, как не на ногах». Доктор меня и поругал: «Не остри, – изволили сказать, – потому что от этого умнее не будешь, а отправляйся к своему барину и скажи, что я к нему не пойду, потому что у кого ноги здоровы, тот сам может к лекарю прийти».

Выслушав такой рапорт моего слуги, я нимало не обиделся: что же, думаю, из «новых людей» он! Взял шляпу и трость и пошел к нему сам.

Застаю в не особенно чистой комнате небольшого, довольно полного брюнета, лет сорока двух, скоро пишущего что-то за ломберным столом.

Извинился и спрашиваю: дома ли доктор Отрожденский.

– Весь к вашим услугам, – отвечает, не оборачиваясь, брюнет. – Присядьте, если угодно; я сейчас только отзыв уездному начальнику допишу.

Я присел и смотрю сбоку на моего хозяина: лицо довольно симпатичное, а в больших серых глазах видны и ум, и доброта.

Пока я его рассматривал, он кончил свое писание, расчеркнулся, записал бумагу в книгу, запечатал в конверт, свистнул и, вручив вошедшему солдату этот пакет, обратился ко мне с вопросом, что мне угодно?

– Прежде всего, – говорю, – мне, господин доктор, кажется, что я немножко нездоров.

– Ну будьте уверены, что если еще самим вам только кажется , что вы нездоровы, так болезнь не очень опасная. Что же такое вы чувствуете?

Я пожаловался на нервное раздражение.

Лекарь посмотрел на меня, пожал меня рукой не за пульс, а за плечо и, вздохнув, отвечает:

– Вы вот очень толсты: видите, сколько мяса и жиру себе наели. Вас надо бы хорошенько выпотнять.

– Как же, – говорю, – это выпотнять?

– Вы богаты или нет?

– У меня, – отвечаю, – есть обеспеченное состояние.

– Да? ну, это скверно: не на корде же вам в самом деле себя гонять, хоть и это бы для вас очень хорошо. Меньше ешьте, меньше спите… Управляющий у вас есть?

– Есть.

– Отпустите его, а сами разбирайтесь с мужиками: они вам скорее жиру поспустят. Потом, когда обвыкнетесь и будете иметь уже настоящее тело – полное, вот как я, но без жира, тогда и избавитесь от всякой нервической чепухи.

— Но ведь, согласитесь, — говорю, — эта нервическая чепуха очень неприятна.

— Ну, с какой стороны смотреть на это: кому не на что жаловаться, так гадкие нервы иметь даже очень хорошо. Больше я вам ничего сказать не могу, — заключил доктор, и сам приподнимается с места, выпроваживая меня таким образом вон.

ГЛАВА ШЕСТИДЕСЯТАЯ

«Нет, позволь, — думаю себе, — брат, ты меня так скоро не выживешь».

— Я, — говорю, — кроме того, имею надобность поговорить с вами уже не о моем здоровье, а о народном. Я имею поручение представить будущему собранию земства некоторые соображения насчет устройства врачебной части в селениях.

— Так зачем же, — говорит, — вы мне давеча не дали знать об этом с вашим лакеем? Я бы по первому его слову пришел к вам.

Я несколько позамешкал ответом и пробурчал, что не хотел его беспокоить.

— Напрасно, — отвечает. — Ведь все же равно, вы меня звали, только не за тем, за чем следовало; а по службе звать никакой обиды для меня нет. Назвался груздем — полезай в кузов; да и сам бы рад скорее с плеч свалить эту пустую консультацию. Не знаю, что вам угодно от меня узнать, но знаю, что решительно ничего не знаю о том, что можно сделать для учреждения врачебной части в селениях.

— Представьте, что и я, — говорю, — тоже не знаю.

— Ну, вот и прекрасно! значит у нас обоих на первых же порах достигается самое полное соглашение: вы так и донесите, что мы оба, посоветовавшись, решили, что мы оба ничего не знаем.

— Но это будет шутка.

— Нет, напротив, самая серьезная вещь. Шутить будут те, кто начнут рассказывать, что они что-нибудь знают и могут что-нибудь сделать.

— Не можете ли по крайней мере сообщить ваши взгляды о том, что надо преобразовать?

— Это могу: надо преобразовать европейское общество и экономическое распоряжение его средствами. У меня для этого применительно к России даже составлена кое-какая смета, которою я, — исходя из того, что исправное хозяйство одного крестьянского дома стоит средним числом сто пятьдесят рублей, – доказываю, что путем благоразумных сбережений в одном Петербурге можно в три года во всей России уменьшить на двадцать пять процентов число заболеваний и на пятьдесят процентов цифру смертности.

– Это, – отвечаю, – очень интересно, но ведь от нас не этих соображений требуют. От нас ждут соображений: что можно сделать для народного здоровья в тех средствах, в каких находится нынче жизнь народа.

– Да, от нас требуют соображений: как бы соорудить народу епанчу из тришкина кафтана? Портные, я слышал, по поводу такой шутки говорят: «что если это выправить, да переправить, да аршин шесть прибавить, то выйдет и епанча на плеча».

– Согласен, – отвечаю, – с вами и в этом; но ведь надо же с чего-нибудь начать, чтобы найти выход из этого положения. Я вот рассмотрел несколько статистических отчетов о заболевающих и о смертности по группам болезней, и...

– И напрасно все вы это сделали, – перебил меня доктор. – Эти отчеты способны только путать, а не уяснить дело. Наша литература в этом отличается. Вон я недавно читал в одной газете, будто все болезни войска разносят. Очень умно! И лихорадка, и насморк – это все от войск! Глупо, но есть вывод и направление, и – дело в шляпе. Так и все смертные случаи у нас приписываются той или другой причине для того, чтоб отписаться, а народ мрет положительно только от трех причин: от холода, от голода и от глупости. От этих хвороб его и надо лечить. Какие же от этого лекарства, и в каком порядке их надо давать? Это то же, что известная задача: как в одной лодке перевезти чрез реку волка, козу и капусту, чтобы волк козы не съел, а коза – капусты и чтобы все целы были. Если вы устремитесь прежде всего на уничтожение вредно действующих причин от холода и голода, тогда надо будет лечить не народ, а некоторых других особ, из которых каждой надо будет или выпустить крови от одной пятой до шестой части веса всего тела, или же подвесить их каждого минут на пятнадцать на веревку. Потом бы можно, пожалуй, и снять, а можно и не снимать... Но это ни к чему путному не поведет, потому что в народе останется одна глупость, и он, избавившись от голода, обожрется и сдуру устроится еще хуже нынешнего. Стало быть, надо начинать с азов – с лечения от глупости . Я постоянно имею с этим дело и давно предоставил моему фельдшеру свободное право – по его собственной фантазии определять причины смерти вскрываемых трупов, и знаю, что он все врет. Дело гораздо проще. Зимой мужики дохнут преимущественно от холода, от дрянной одежды и дрянного помещения, по веснам – с голоду, потому что при начале полевых работ аппетит у них разгорается огромный, а удовлетворить его нечем; а затем остальное время – от пьянства, драки и вообще всяких глупостей, происходящих у глупого человека от сытости.

– Вы сытость, – говорю, – тоже полагаете в числе вредностей?

– А непременно: дурака досыта кормить нужно с предосторожностями. Смотрите: вон овсяная лошадь... ставьте ее к овсу смело: она ест, и ей ничего, а припустите-ка мужичью клячу: она либо облопается и падет, либо пойдет лягаться во что попало, пока сама себе все ноги пооткалотит. Вон у нас теперь на линии, где чугунку строят, какой мор пошел! Всякий день меня туда возят; человека по четыре, по пяти вскрываю: неукротимо мрут от хорошей пищи.

– От хорошей?! – спрашиваю с удивлением.

– Да, от хорошей-с, а не от худой. Это чиновникам хочется доказать, что от худой, чтобы подрядчика прижать, а я знаю, что непомерная смертность идет от хорошего свойства пищи, и мужики сами это знают. Как только еще началась эта история, человек с двадцать сразу умерло; я спрашиваю: «Отчего вы, ребята, дохнете?» – «А всё с чистого хлеба, говорят, дохнем, ваше высокоблагородие: как мы зимой этого чистого хлебушка не чавкали, а все с мякиной, так вот таперича на чистой хлеб нас посадили и помираем». Обдержатся – ничего, а как новая партия придет – опять дохнут. С месяц тому назад сразу шесть человек вытянулись: два брата как друг против друга сидели, евши кашу, так оба и покатились. Вскрывал их фельдшер: в желудке каша, в пищеводе каша, в глотке каша и во рту каша; а остальные, которые переносят, жалуются: «Мы, бают, твоя милость, с сытости стали на ноги падать, работать не можем».

– Ну, и чем же вы им помогли? Любопытно знать.

– Велел их вполобеда отгонять от котла палками. Подрядчик этого не смел; но они сами из себя трех разгонщиков выбрали, и смертность уменьшилась, а теперь въелись, и ничего: фунт меду мне в благодарность принесли.

Представьте себе мое положение с этаким консультантом!

ГЛАВА ШЕСТЬДЕСЯТ ПЕРВАЯ

– Но ведь это, – говорю, – все, что вы изволили рассказать, случаи экстренные, а ведь мы должны иметь в виду другое, когда крестьянин умирает своею смертью без медицинской помощи.

– Да зачем же ему нужно умирать с медицинскою помощью? –

вопросил лекарь. – Разве ему от этого легче будет или дешевле? Пустяки-с все это! Поколику я медик и могу оказать человеку услугу, чтоб он при моем содействии умер с медицинскою помощью, то ручаюсь вам, что от этого мужику будет нимало не легче, а только гораздо хлопотнее и убыточнее.

Удивился я и прошу его объяснить мне: отчего же это будет убыточнее, если с мужика ни за рецепт, ни за лекарство ничего не возьмут?

– А оттого, – отвечает, – что мужик не вы, он не пойдет к лекарю, пока ему только кажется , что он нездоров. Это делают жиды да дворяне, эти охотники пачкаться, а мужик человек степенный и солидный, он рассказами это про свои болезни докучать не любит, и от лекаря прячется, и со смоком дожидается, пока смерть придет, а тогда уж любит, чтоб ему не мешали умирать и даже готов за это деньги платить.

«Ну, – думаю себе, – это ты, любезный друг, врешь; я вовсе не так глуп, чтобы тебе поверить», и говорю ему:

– Извините меня, но я никогда еще не слыхал, чтобы какой-нибудь человек платил врачу деньги за то, чтоб ему поскорее умереть.

– Мало ли, – отвечает, – чего вы не слыхали. Я много раз это видел в военных больницах, особенно в Петербурге; казаки из староверов, ах как спокойно это совершают! С большою-с, с большою серьезностью... скорее семь раз умрет, чем позволит себе клистир сделать, да-с. Да вот даже нынешним еще летом со мной был такой случай, уже не в больнице. Тут помещица есть, очень важная барыня, – отсюда верстах в десяти, – тоже вот, вроде вас, совсем ожирела. Рассердилась она как-то на дочь, и расходились у ней, как у вас, самордаки; дочь ее пишет мне, что «маменька умирает совсем». Думаю: черт знает, пожалуй, чего доброго, и действительно умрет, и за нее, как за что путное, под суд попадешь, что не подал помощи. Отправился к ней на таратайке. Приезжаю, просят подождать. Жду и наблюдаю из залы, как мальчишка-лакейчонок в передней читает старому лакею газету «Весть», и оба ею очень довольны. Старый лакей внушает молодому лакею: «вот, говорит, как должно пишут настоящие господа», и сам, седой осел, от радости заплакать готов. Великий народ российский!.. Прошел час; выходит ко мне прекрасная барышня, дочка, и с заплаканными глазками говорит, что маменьке ее, изволите видеть, полегче (верно, помирились) и что теперь они изволили заснуть и не велели себя будить, «а вас, говорит, приказали просить в контору, там вам завтрак подадут», и с этим словом подает мне рубль серебром в розовом пакетике. Я завтрака есть не пошел, спросил себе стакан воды и положил на тарелку рубль его барыни, а барышне сказал: «Сделайте одолжение, сударыня, скажите от меня вашей маменьке, что видал я на своем веку разных свиней, но уж такой полновесной свиньи, как ваша родительница, до сей поры не видывал».

И в таратайку их я не сел, а ушел от них пешком. Жара страшная, десять верст ходьбы все-таки изрядно; пыль столбом стоит, солнце печет. На половине дороги есть деревушка. Иду по улице – даже собаки не тявкают, – от жары кто куда, под застрехи да в подполья попрятались. Смотрю – у одной хатенки на пороге двое ребятишек сидят и синее молоко одною ложкой хлебают и делятся этою ложкою как самые заправские социалисты. Один раз один хлебнет, другому передает, а тот хлебнет, этому передает. Удивительно! Досужий человек на это целое рассуждение о русском народе может написать. И вдруг это молоко меня соблазнило. Зайду, думаю, в избу, нельзя ли хоть уста промочить. Вошел; во-первых, муха! самая неумеримая муха! Так жужжит, даже стон стоит. Во-вторых, жара нестерпимая и никого в избе нет, только откуда-то тянется мучительное тяжкое оханье. Я вышел на двор, вижу, бабенка навоз вилами сушит.

«Есть, – говорю, – у тебя молоко?»

Думала, думала и отвечает, что молоко есть.

«Дай же, – говорю, – мне молока; я тебе гривенник дам».

«А на что, – говорит, – мне твой гривенник? Гривенник-то у нас еще, слава богу, и свой есть».

Однако согласилась, дала молока.

Сел я в сенях на скамеечку, пью это молоко, а в избе так и разливается мучительнейший стон.

«Это, – говорю, – кто у вас так мучится?»

«Старичок, – говорит, – свекор больной помирает».

Я выпил молоко и подхожу к старику. Гляжу, старичище настоящий Сатурн; человек здоровья несметного; мускулы просто воловьи, лежит, глаза выпучил и страшно, страшно стонет.

«Что, – говорю, – с тобою, дед?»

«А?»

«Что, мол, с тобою?»

«Отойди прочь, ничего», – и опять застонал.

«Да что, мол, такое с тобою? Чем ты болен?»

«Отойди прочь, ничего».

Я ощупал у него пузо: вижу, ужас что газов сперто. Я скорее сболтал стакан слабительной импровизации, подношу и говорю:

«Пей скорее, старик, и здоров будешь, еще сто лет проживешь».

«Отойди прочь, – говорит, – не мешай: я помираю».

«Пей, – говорю, – скорее! выпей только, и сейчас выздоровеешь». Где же там? и слушать не хочет, «помираю», да и кончено.

Ну, думаю себе, не хочешь, брат, слабительного, так я тебя иным путем облегчу, а меня, чувствую, в это время кто-то за коленку потихоньку теребит, точно как теленок губами забирает. Оглянулся, вижу, стоит возле меня большой мужик. Голова с проседью, лет около пятидесяти. Увидал, что я его заметил, и делает шаг назад и ехидно манит меня за собою пальцем.

«Что, – говорю, – тебе нужно?»

«Батюшка, ваше благородие, – шепчет, – пожалуйте!.. примите!..» – и с этим словом сует мне что-то в руку.

«Это, – спрашиваю, – что такое?»

«Полтина серебра, извольте принять… полтину серебра».

«За что ж ты, дурак, даешь мне эту полтину серебра?»

«Не мешайте, батюшка, божьему старику помирать».

«Ты кто ему доводишься?»

«Сын, – говорит, – батюшка, родной сын; это батька мой родной: помилосердуйте, не мешайте ему помирать».

А тут, гляжу, из сеней лезет бабенка, такая старушенция, совсем кикимора, вся с сверчка, плачет и шамшит:

«Батюшка, не мешай ты ему, моему голубчику, помирать-то! Мы за тебя Бога помолим».

Что же, думаю, за что мне добрым людям перечить! Тот сам хочет помирать, родные тоже хотят, чтоб он умер, а мне это не стоит ни одного гроша: выплеснул слабительное.

«Помирайте, – говорю, – себе с Богом хоть все».

Они это отменно восчувствовали и даже за самую околицу меня провожали с благодарностью.

Спрашиваю дорогою:

«Что же, наследства, что ли, мол, ждете от старика-то?»

«Нет, – говорят, – батюшка, какое наследство: мы бедные, да уж он совсем в путь-то собрался… и причастился, теперь ему уж больно охота помереть».

Только что за околицу я вышел, гляжу, мальчишка бежит.

«Тятя, – кричит, – дедушка протянулся».

И все заголосили:

«Один ты, мол, у нас только и был!»

ГЛАВА ШЕСТЬДЕСЯТ ВТОРАЯ

– А все же, – говорю, – этот случай нимало не приводит нас ни к какому заключению о том, как избавить народ от его болезней и безвременной смерти.

– Я вам мое мнение сказал, – отвечал лекарь. – Я себе давно решил, что все хлопоты об устройстве врачебной части в селениях ни к чему не поведут, кроме обременения крестьян, и давно перестал об этом думать, а думаю о лечении народа от глупости, об устройстве хорошей, настоящей школы, сообразной вкусам народа и настоящей потребности, то есть чтобы все эти гуманные принципы педагогии прочь, а завести школы, соответственные нравам народа, спартанские, с бойлом.

– Вы хотите бить?

– А непременное; это и народу понравится, да и характеры будут воспитываться сильнее, реальнее и злее. Так мы вернее к чему-нибудь доспеем, чем с этими небитыми фалалеями, которые теперь изо всех новых школ выходят. Я, при первых деньгах, открою первый «образцовый пансион», где не будет никакой поблажки. Я это уже зрело обдумал и даже, если не воспретит мне правительство, сделаю вывеску: «Новое воспитательное заведение с бойлом»; а по желанию родителей, даже будут жестоко бить, и вы увидите, что я, наконец, создам тип новых людей – тип, желая достичь которого наши ученые и литературные слепыши от него только удаляются. Доказательство налицо: теперь все, что моложе сорока лет, уже все скверно, все размягчено и распарено теплым слоем гуманного обращения. Таким людишкам нужны выгоды буржуазной жизни, и они на своих ребрах кола не переломят; а без этого ничего не будет.

– Ну, а об устройстве врачебной-то части... мы так ни к чему и не приблизились.

– Да и не к чему приближаться; я вам сказал и, кажется, доказал, что это вовсе не нужно.

– Простите, – говорю, – пожалуйста; но тогда позволительно спросить вас: зачем же, по-вашему, сами врачи?

– А для нескольких потребностей: для собственного пропитания, для административного декорума, для уничтожения стыда у женщин, для истощения карманов у богачей и для вскрытия умирающих от холода, голода и глупости.

Нет, вижу, что с этого барина, видно, уж взятки гладки, да он вдобавок и говорить со мною больше не хочет: встал и стоит, как воткнутый гвоздь, а приставать к нему не безопасно: или в дверь толкнет, или по меньшей мере как-нибудь некрасиво обзовет.

– Не посоветуете ли, – спрашиваю, – по крайности, к кому бы мне обратиться: не занимает ли этот вопрос кого-нибудь другого, не имеет ли с ним еще кто-нибудь знакомства, от кого бы можно было получить другие соображения.

– Толкнитесь, – говорит, – к смотрителю уездного училища: он здесь девкам с лица веснушки сводит и зубы заговаривает, также и от лихорадки какие-то записки дает; и к протопопу можете зайти, он по лечебнику Каменецкого лечит. У него в самом деле врачебной практики даже больше, чем у меня: я только мертвых режу, да и то не поспеваю; вот и теперь сейчас надо ехать.

– Извините, – говорю, – еще один вопрос: а акушерка здешняя знает деревенский быт?

– Нет, к ней не ходите: ее в деревни не берут; она только офицерам, которые стоят с полком, деньги под залог дает да скворцов учит говорить и продает их купцам. Вот становой у нас был Васильев, тот, может быть, и мог бы вам что-нибудь сказать, он в душевных болезнях подавал утешение, умел уговаривать терпеть, – но и его, на ваше несчастие, вчерашний день взяли и увезли в губернский город.

– Как, – говорю, – Васильева-то увезли! За что же это? Я его знаю – казалось, такой прекрасный человек…

– Ну, прекрасный не прекрасный, а был человек очень пригодный досужным людям для развлечения, а взяли его по доносу благочинного, что он будто бы хотел бежать в Турцию и переменить там веру. Я ему предлагал принять его в самую толерантную веру – в безверие, но он не соглашался, боялся, что будет чувствовать себя несвободным от необходимости объяснять свои движения причинами, зависящими от молекул и нервных центров, – ну, вот и зависит теперь от смотрителя тюремного замка. Впрочем, время идет, и труп, ожидающий моего визита, каждую минуту все больше и больше воняет; надо пожалеть людей и скорей его порезать.

Говорить было более некогда, и мы расстались; но когда я был уже на улице, лекарь высунулся в фуражке из окна и крикнул мне:

– Послушайте! повидайтесь-ка вы с посредником Готовцевым.

– А что такое?

– Да он ведь у нас администратор от самых младых ногтей и первый в своем участке школы завел, – его всем в пример ставят. Не откроет ли он вам при своих дарованиях секрета, как устроить, чтобы народ не умирал без медицинской помощи?

Я поблагодарил, раскланялся и скрылся.

ГЛАВА ШЕСТЬДЕСЯТ ТРЕТЬЯ

Ни к акушерке, ни к смотрителю училища, разумеется, я не пошел, а отправился повидаться с посредником Готовцевым.

Прихожу, велел о себе доложить и ожидаю в зале. Выходит хозяин, молодой человек, высокий, румяный, пухлый, с кадычком и очень тяжелым взглядом сверху вниз.

Отрекомендовались друг другу, присели, и я изложил озабочивающее меня дело и попросил услуги советом.

— По-моему, дело это очень нетрудно уладить; но здесь, как и во всяком деле, нужна решительность, а ее у нас, знаете… ее-то у нас и нет нигде, где она нужна. У нас теперь не дело делается, а разыгрывается в лицах басня о лебеде, раке и щуке, которые взялись везти воз. Суды тянут в одну сторону, администрация — в другую, земство потянет в третью. Планы и предначертания сыплются как из рога изобилия, а осуществлять их неведомо как: «всякий бестия на своем месте», и всяк стоит за свою шкуру. Без одной руководящей и притом смело руководящей воли в нашем хаосе нельзя, и воля эта должна быть ауторизована, ответ ее должен быть ответ Пилата жидам: «еже писах — писах»; тогда и возможно все: и всяческое благоустройство, и единодействие… и все. А у нас… Вы не приглядывались к ходу дел в губернии?

Отвечаю, что еще не приглядывался.

— Напрасно; вы очень много потеряли.

Я отвечал, что не лишаю себя надежды возвратить эту потерю, потому что скоро поеду в губернский город на заседания земства, а может быть и раньше, чтобы там поискать у кого-нибудь совета и содействия в моих затруднениях.

— И прекрасно сделаете: там есть у нас старик Фортунатов, наш русский человек и очень силен при губернаторе.

Я заметил, что я этого Фортунатова знаю по гимназии и по университету.

— Ну вот, — отвечает, — лучше этого вам и не надо: он всемогущ, потому что губернатор беспрестанно все путает, и так путает, что только один Василий Иванович Фортунатов может что-нибудь разобрать в том, что он напутал. Фортунатов — это такой шпенек в здешнем механизме, что выньте его — и вся машина станет или черт знает что заворочает. Вы с ним можете говорить прямо и откровенно: он человек русский и прямой, немножко, конечно, с лукавинкой, но уж это наша национальная черта, а зато он один всех решительнее. Вы не были здесь, когда поднялась история из-за школ? Это было ужасное дело: вынь да положь, чтобы в селах были школы открыты, а мужики, что им ни говори, только затылки чешут. Фортунатов видит раз всех нас, посредников, за обедом: «братцы, говорит, ради самого Господа Бога выручайте: страсть как из Петербурга за эти проклятые школы нас нажигают!» Поговорили, а мужики школ все-таки не строят; тогда Фортунатов встречает раз меня одного: «Ильюша, братец, говорит (он большой простяк и всем почти ты говорит), – да развернись хоть ты один! будь хоть ты один порешительней; заставь ты этих шельм, наших мужичонков, школы поскорее построить». Дело, как видите, трудное, потому что, с одной стороны, мужик не понимает пользы учения, а с другой – нельзя его приневоливать строить школы, не велено приневоливать. Но тем не менее есть же свои администраторские приемы, где я могу, не выходя из… из… из круга приличий, заставить… или… как это сказать… склонить… «Извольте, говорю, Василий Иванович, если дело идет о решительности, я берусь за это дело, и школы вам будут, но только уж смотрите, Василий Иванович!» – «Что, спрашивает, такое?» – «А чтобы мои руки были развязаны, чтоб я был свободен, чтобы мне никто не препятствовал действовать самостоятельно!» Им было круто, он и согласился, говорит: «Господи! да Бог тебе в помощь, Ильюша, что хочешь с ними делай, только действуй!» Я человек аккуратный, вперед обо всем условился: «смотрите же, говорю, чур-чура: я ведь разойдусь, могу и против земства ударить, так вы и там меня не предайте». – «Ну что ты, Бог с тобой, сами себя, что ли, мы станем предавать?» Ну когда так – я и поставил дело так, что все только рты разинули. В один год весь участок школами обзавел. Приезжайте в какую хотите деревушку в моем участке и спросите: «есть школа?» – уж, конечно, не скажут, что нет.

– Как же, – говорю, – вы всего этого достигли? Каким волшебством?

– Вот вам и волшебство! – самодовольно воскликнул посредник и, выступив на середину комнаты, продолжал: – Никакого волшебства не было и тени, а просто-напросто административная решительность. Вы знаете, я что сделал? Я, я честный и неподкупный человек, который горло вырвет тому, кто заикнется про мою честь: я школами взятки брал!

ГЛАВА ШЕСТЬДЕСЯТ ЧЕТВЕРТАЯ

– Как же это так школами взятки брать? – воскликнул я, глядя во все глаза.

– Да-с; я очень просто это делал: жалуется общество на помещика или соседей. «Хорошо, говорю, прежде школу постройте!» В ногах валяются, плачут... Ничего: сказал: «школу постройте и тогда приходите!» Так на своем стою. Повертятся, повертятся мужичонки и выстроят, и вот вам лучшее доказательство: у меня уже весь, буквально весь участок обстроен школами. Конечно, в этих школах нет почти еще книг и учителей, но я уж начинаю второй круг, и уж дело пошло и на учителей. Это, спросите, как?

Я молчу.

– А опять, – продолжает, – все тем же самым порядком: имеешь надобность ко мне, найми в школу учителя. Отговорок никаких: найми учителя, и тогда твое дело сделается. Мне самому ничего не нужно, но для службы я черт... и таким только образом и можно что-нибудь благоустроять. А без решительности ни к чему не придете. Захотелось теперь устройства врачебной части; пусть начальство выскажется, что ему этого хочется: это ему принадлежит; но не мешай оно энергическим исполнителям, как это делать. Фемиде ли вы служите, или земству, или администрации – это должно быть все равно: камертон дан – пой, сигнал пущен – пали. Если бы начальство стояло стойко и решительно, я... я вам головой отвечаю, что я не только врачебную часть, а я черт знает что заведу вам в России с нашим народом! Наш народ еще, слава богу, глуп, с ним еще, слава богу, жить можно... «Строй, собачий сын, больницу! – закричал посредник на меня неистово, подняв руки над моею головой. – Нанимай лекаря, или... я тебя... черт тебя!..», и Готовцев начал так штырять меня кулаками под ребра, что я, в качестве модели народа, все подавался назад и назад и, наконец, стукнулся затылком об стену и остановился. Дальше отступать было некуда.

«А-а! – закричал в эту секунду Готовцев, – так вот я тебя, канальский народ, наконец припер к стене... теперь тебе уж некуда назад податься, и ты строишь что мне нужно... и за это я тебя целую... да-с, целую сам своими собственными устами».

С этим он взял меня обеими руками за лацканы, поцеловал меня холодным поцелуем в лоб и проговорил:

«Вот как я тебя благодарю за твое послушание! А если ты огрызаешься и возбуждаешь ведомство против ведомства (он начал меня раскачивать за те же самые лацканы), если ты сеешь интриги и, не понимая начальственных забот о тебе, начинаешь собираться мне возражать... то... я на тебя плюю!.. то я иду напролом... я сам делаюсь администратором, и (тут он закачал меня во всю мочь, так что даже затрещали лацканы) если ты придешь ко мне за чем-нибудь, так я... схвачу тебя за шиворот... и выброшу вон... да еще в сенях приподдам коленом».

И представьте себе: он действительно только не плюнул на меня, а то проделал со мною все, что говорил: то есть схватил меня за шиворот, выбросил вон и приподдал в сенях коленом.

Я понял из этого затруднительность сельских общин в совершенстве и, удирая скорей домой в деревню, всю дорогу не мог прийти в себя.

«Нет, – решил я себе, – нет, господа уездная интеллигенция: простите вы меня, а я к вам больше не ездок. С вами, чего доброго, совсем расшибешься».

Но как дело-то, однако, не терпит и, взявшись представить записку, ее все-таки надо представить, то думаю: действительно, махну-ка я в губернский город – там и архивы, и все-таки там больше людей с образованием; там я и посоветуюсь и допишу записку, а между тем подойдет время к открытию собраний.

Сборы невелики: еду в губернский город и, признаюсь вам, еду не с спокойным духом.

Что-то, мол, опять мне идет здесь на Руси все хуже и хуже; чем-то теперь здесь одарит Господь!

ГЛАВА ШЕСТЬДЕСЯТ ПЯТАЯ

Прежде всего не узнаю того самого города, который был мне столь памятен по моим в нем страданиям. Архитектурное обозрение и костоколотная мостовая те же, что и были, но смущает меня нестерпимо какой-то необъяснимый цвет всего сущего. То, бывало, все дома были белые да желтые, а у купцов водились с этакими голубыми и желтыми отворотцами, словно лацканы на уланском мундире, – была настоящая житейская пестрота; а теперь, гляжу, только один неопределенный цвет, которому нет и названия.

Первое, о чем я полюбопытствовал, умываясь, как Чичиков, у себя в номере, был именно неопределенный цвет нашего города.

– Объясните мне, пожалуйста, почтенный гражданин, – спрашиваю я у коридорного лакея, – что это у вас за странною краской красят дома и заборы?

– А это-с, сударь, – отвечает, – у нас нынче называется «цвет под утиное яйцо».

– Этакого цвета у вас, помнится, никогда не было?

– И звания его, сударь, прежде никогда не слыхали.

– Откуда же он у вас взялся?

– А это нынешний губернатор нас, – говорит, – в прошлом году перекрасил.

– Вот, мол, оно что.

– Точно так-с, – утверждает «гражданин». – Прежде цвета были разные, кто какие хотел, а потом был старичок губернатор – тот велел всё в одинаковое, в розовое окрасить, а потом его сменил молодой губернатор, тот приказал сделать всё в одинаковое, в мрачно-серое, а этот нынешний как приехали: «что это, – изволит говорить, – за гадость такая! перекрасить все в одинаковое, в голубое», но только оно по розовому с серым в голубой не вышло, а выяснилось, как изволите видеть, вот этак под утиное яйцо. С тех пор так уж больше не перекрашивают, а в чистоте у нас по-прежнему остались только одни церкви: с архиереем все губернаторы за это ссорились, но он так и не разрешил церквей под утиное яйцо подводить.

Я поблагодарил слугу за обстоятельный рассказ, а сам принарядился, кликнул извозчика и спрашиваю:

– Знаешь, любезный, где Фортунатов живет?

Извозчик посмотрел на меня с удивлением и потом как бы чего внезапно оробел или, обидясь, отвечал:

– Помилуйте, как же не знать!

Поехали и приезжаем.

Извозчик осаживает у подъезда лошадь и шепчет: «первый человек!»

– Что ты говоришь?

– Василий-то Иваныч, говорю-с, у нас первый человек.

Ладно, мол.

Вхожу в переднюю, – грязненько; спрашиваю грязненького казачка: дома ли барин? Отвечает, что дома.

– Занят или нет?

– Никак нет-с, – отвечает, – они после послеобеденного вставанья на диване в кабинете лежат, дыню кушают. Велел доложить, а сам вступаю в залу.

ГЛАВА ШЕСТЬДЕСЯТ ШЕСТАЯ

Уж я ходил-ходил, ходил-ходил по этой зале, нет ни ответа, ни привета, и казачок совсем как сквозь землю провалился.

Наконец растворяется дверь, и казачок тихо подходит на цыпочках и шепчет:

– Барин, – говорит, – изволят спрашивать: вы по делу или без дела?

Черт знает, думаю, что на это отвечать! Скажу, однако, если он бьет на такую официальность, что приехал по делу.

Малец пошел и опять выходит и говорит:

– По делу пожалуйте в присутствие.

– Ну, мол, – так поди скажи, что я без дела.

Пошел, но и опять является.

– Как, – говорит, – ваша фамилия?

– Ватажков, – говорю, – Ватажков, я же тебе сказал, что Ватажков.

Юркнул малец и возвращается с ответом, что барин-де сказал, что они никакого Сапожкова не знают.

То есть просто из терпения вывели!..

Рассвирепел я, завязал мальчишке дурака и ухожу, как вдруг, слышу, добродушным голосом кричат:

– Ах ты, заморская птица! Орест Маркович! воротись, брат, воротись! Я ведь думал, что черт знает кто, что с докладом входишь!

Гляжу, в окне красуется Василий Иванович Фортунатов – толст, сед, сопит и весь лоснится.

Возвращаюсь я, и облобызались.

Обыкновенные вопросы: что ты, как ты, откуда, давно ли, надолго ли? Ответив на этот допрос впопад и невпопад, начинаю сам любопытствовать.

– Как ты? – говорю. – Я ведь тебя оставил социалистом, республиканцем и спичкой, а теперь ты целая бочка.

– Ожирел, брат, – отвечает, – ожирел и одышка замучила.

– А убеждения, мол, каковы?

– Какие же убеждения: вон старшему сыну шестнадцатый год – уж за сестриными горничными волочится, а второму четырнадцать; все своим хребтом воздоил и, видишь, домишко себе сколотил, – теперь проприетер.

– Отчего же это ты по новым учреждениям-то не служишь, ни по судебной части и не ищешь места по земству?

– Зачем? пусть молодые послужат, а я вот еще годок – да в монастырь хочу.

– Ты в монастырь? Разве ты овдовел?

– Нет, жена, слава богу, здорова: да так, брат… грехи юности-то пора как-нибудь насмарку пускать.

– Да ведь ты еще и не стар.

– Стар не стар, а около пяти десятков вертится, а главное, все надоело. Модные эти учреждения, модные люди… ну их совсем к богу!

– А что такое? Обижают тебя, что ли?

– Нет, не то что обижают… Обижать-то где им обижать. Уж тоже хватил «обижать»! Кто-о? Сами к ставцу лицом сесть не умеют, да им меня обижать? Тьфу… мы их и сами еще забидим. Нет, брат, не обижают, а так… – Фортунатов вздохнул и добавил: – Довольно грешить.

Показалось мне, что старый приятель мой не только со мною хитрит и лицемерит, но даже и не задает себе труда врать поскладнее, и потому, чтобы положить этому конец, я прямо перешел к моей записке, которую я должен составить, и говорю, что прошу у него совета.

– Нет, душа моя, – отвечает он, – это по части новых людей, – к ним обращайся, а я к таким делам не касаюсь.

– Да я к новым-то уж обращался.

– Ну и что же: много умного наслушался?

Я рассказал.

Фортунатов расхохотался.

– Ах вы, прохвосты этакие, а еще как свиньи небо скопать хотят! Мы вон вчера одного из них в сумасшедший дом посадили, и всех бы их туда впору.

– А кого это, – спрашиваю, – вы посадили в сумасшедший дом?

– Становишку одного, Васильева.

– Боже мой! Ведь я его знаю! Философ.

– Ну вот, он и есть. Философию знает и богословию, всего Макария выштудировал и на службе состоит, а не знал, что мы на богословов-то не надеемся, а сами отцовское восточное православие оберегаем и у нас господствующей веры нельзя переменять. Под суд ведь угодил бы, поросенок цуцкой, и если бы «новым людям», не верующим в Бога, его отдать – засудили бы по законам; а ведь все же он человечишко! Я по старине направил все это на пункт помешательства.

– Ну?

– Ну, освидетельствовали его вчера и, убедивши его, что он не богослов, а бог ослов , посадили на время в сумасшедший дом.

ГЛАВА ШЕСТЬДЕСЯТ СЕДЬМАЯ

У меня невольно вырвалось восклицание о странной судьбе несчастного Васильева, но Фортунатов остановил меня тем, что Васильеву только надо благодарить Бога, что для него все разрешилось сумасшедшим домом.

– И то, – говорит, – ведь тут, брат, надо было это поворотить, потому на него, ведь поди-ка ты, истцы-то три власти: суд, администрация и духовное начальство, – а их небось сам Соломон не помирит.

– Не ладят?

— И не говори лучше: просто которого ни возьми — что твой Навуходоносор!.. коренье из земли норовит все выворотить.

— Губернатор каков у вас? Фортунатов махнул рукой.

— Сделай, — говорит, — ему визит, посмотри на него, а главное, послушай — поет курского соловья прекраснее.

— Да я, — отвечаю, — и то непременно поеду.

— Посоветоваться... вот это молодец! Сделай милость, голубчик, поезжай! То есть разуважишь ты его в конец, и будешь первый его друг и приятель, и не оглянешься, как он первое место тебе предложит. Страсть любит свежих людей, а через полгода выгонит. Злою страстью обуян к переменам. Архиерей наш анамедни ему махнул: «Полагаю, говорит, ваше превосходительство, что если бы вы сами у себя под начальством находились, то вы и самого себя сменили бы?» Вот, батюшка, кому бы нашим Пальмерстоном-то быть, а он в рясе. Ты когда у губернатора будешь, Боже тебя сохрани: ни одного слова про архиерея не обмолвись, — потому что после того, как тот ему не допустил перемазать храмов, он теперь яростный враг церкви, через что мне Бог помог и станового Васильева от тюрьмы спасти и в сумасшедший дом пристроить.

— Позволь же, — говорю, — пожалуйста, как же ты уживаешься с таким губернатором?

— А что такое?

— Да отчего же он тебя не сменит, если он всех сменяет?

— А меня ему зачем же сменять? Он только одних способных людей сменяет, которые за дело берутся с рвением с особенным, с талантом и со тщанием. Эти на него угодить не могут. Они ему сделают хорошо, а он ждет, чтоб они что-нибудь еще лучше отличились — чудо сверхъестественное, чтобы ему показать; а так как чуда из юда не сделаешь, то после, сколь хорошо они ни исполняй, уж ему все это нипочем — свежего ищет; ну, а как всех их, способных-то, поразгонит, тогда опять за всех за них я один, неспособный, и действую. Способностей своих я не неволю и старанья тоже; валю как попало через пень колоду — он и доволен; «при вас, говорит, я всегда покоен». Так и тебе мое опытное благословение: если хочешь быть нынешнему начальству прелюбезен и делу полезен, не прилагай, сделай милость, ни к чему великого рачения, потому хоша этим у нас и хвастаются, что будто способных людей ищут, но все это вздор, — нашему начальству способные люди тягостны. А ты пойди, пожалуй, к губернатору, посоветуйся с ним для его забавы, да и скопни свою записку ногой, как копнется. Черт с нею: придет время, все само устроится.

— Ну нет, — говорю, — я как-нибудь не хочу. Тогда лучше совсем отказаться.

– Ну, как знаешь; только послушай же меня: повремени, не докучай никому и не серьезничай. Самое главное – не серьезничай, а то, брат... надоешь всем так, – извини, – тогда и я от тебя отрекусь. Поживи, посмотри на нас: с кем тут серьезничать-то станешь? А я меж тем губернаторше скажу, что способный человек приехал и в аппетит их введу на тебя посмотреть, – вот тогда ты и поезжай.

«Что же, – рассуждаю, – так ли, не так ли, а в самом деле немножко ориентироваться в городе не мешает».

ГЛАВА ШЕСТЬДЕСЯТ ВОСЬМАЯ

Живу около недели и прислушиваюсь. Действительно, мой старый приятель Фортунатов прав: мирным временем жизнь эту совсем нельзя назвать: перестрелка идет безумолчная.

В первые дни моего здесь пребывания все были заняты бенефисом станового Васильева, а потом тотчас же занялись другим бенефисом, устроенным одним мировым судьею полицеймейстеру. Судьи праведные считают своим призванием строить рожны полиции, а полиция платит тем же судьям; все друг друга «доказывают», и случаев «доказывать» им целая бездна. Один такой как из колеса выпал в самый день моего приезда. Перед самой полицией подрались купец с мещанином. За что у них началась схватка – неизвестно; полиция застала дело в том положении, что здоровый купец дает щуплому мещанину оплеуху, а тот падает, поднимается и, вставая, говорит:

– Ну, бей еще!

Купец без затруднения удовлетворяет его просьбу; мещанин снова падает и снова поднимается, и кричит:

– А ну, бей еще!

Купец и опять ему не отказывает.

– Ну, бей, бей! пожалуйста, бей!

Купец бьет, бьет; дело заходит в азарт: один колотит, другой просит бить, и так до истощения сил с одной стороны и до облития кровью с другой. Полиция составляет акт и передает его вместе с виновными мировому судье. Начинается разбирательство: купца защищал учитель естественных наук, и как вы думаете, чем он его защищал? Естественными науками. Нимало не отвергая того, что купец бил и даже сильно бил мещанина, учитель поставил судье на вид, что купец вовсе не наносил никакой обиды действием и делал этим не что иное, как такую именно услугу мещанину, о которой тот его неотступно просил при самих служителях полиции, услугу, которой последние не поняли и, по непонятливости своей, приняли в преступление.

– Одно, – говорил защитник, – купца можно бы еще обвинить в глупости, что он исполнил глупую просьбу, но и это невозможно, потому что купцу просьба мещанина – чтобы его бить – могла показаться самою законною, ибо купец, находясь выше мещанина по степени развития, знал, что многие нервные субъекты нуждаются в причинении им физической боли и успокоиваются только после ударов, составляющих для них, так сказать, благодеяние.

Судья все это выслушал и нашел, что купец действительно мог быть вовлечен в драку единственно просьбою мещанина его побить, и на основании физиологической потребности последнего быть битым освободил драчуна от всякой ответственности. В городе заговорили, что «судья молодец», а через неделю полицеймейстер стал рассказывать, что будто «после того как у него побывал случайно по одному делу этот мировой судья, у него, полицеймейстера, пропали со стола золотые часы, и пропали так, что он их и искать не может, хотя знает, где они».

Полицеймейстеру заметили, что распускать такие слухи очень неловко, но полицеймейстер отвечал:

– Что же я такое сказал? Я ведь говорю, что посленего часы пропали, а не то, чтобы он взял… Это ничего.

В городе заговорили:

– Молодец полицеймейстер!

А вечером разнесся слух, что мировой судья купил себе в единственном здешнем оружейном магазине единственный револьвер и зарядил его порохом, хотя и без пуль, а полицеймейстер велел пожарному слесарю отпустить свою черкесскую шашку и запер ее к себе в гардеробный шкаф.

В городе положительно ожидают катастрофы.

ГЛАВА ШЕСТЬДЕСЯТ ДЕВЯТАЯ

Я почувствовал себя смущенным и пошел к Фортунатову с повинной головой.

– А что, – говорит, – братец, прав я или нет?.. Да посмотри: то ли еще увидишь? Ты вот изволь-ка завтра снаряжаться на большое представление.

– Куда это?

– А, брат, – начальник губернии с начальницей сами тебя восхотели видеть! Ты ведь, небось, обо мне как думаешь? а я тебя восхвалил, как сваха: способнейший, говорю, человек и при этом учен, много начитан, жил за границею и (извини меня) преестественная, говорю, шельма!

– Ну, это ты зачем же?

– Нет, а ты молчи-ка. Я ведь, разумеется, там не так, а гораздо помягче говорил, но только в этом роде чувствовать дал. Так, друг, оба и вскочили, и он и она: подавай, говорят, нам сейчас этого способного человека! «Служить не желает ли?» Не знаю, мол, но не надеюсь, потому что он человек с состоянием независимым. «Это-то и нужно! мне именно это-то и нужно, кричит, чтобы меня окружали люди с независимым состоянием».

– Очень мне нужно его «окружать»?

– Нет, ты постой, что дальше-то будет. Я говорю: да он, опричь того, ваше превосходительство, и с норовом независимым, а это ведь, мол, на службе не годится. «Как, что за вздор? отчего не годится?» – «Правило-де такое китайского философа Конфуция есть, по-китайски оно так читается: „чин чина почитай“. – «Вздор это чинопочитание! – кричит. – Это-то все у нас и портит»... Слышишь ты?.. Ей-богу: так и говорит, что «это вздор»... Ты иди к нему, сделай милость, завтра, а то он весь исхудает.

– Да зачем ты все это, любезный друг, сделал? Зачем ты их на меня настрочил?

– Ишь ты, ишь! Что же ты, не сам разве собирался ему визит сделать? Ну вот и иди теперь, и встреча тебе готова, а уж что, брат, сама-то начальница...

– Что?

– Нет, ты меня оставь на минуту, потому мне ее, бедняжку, даже жалко.

– Да полно гримасничать!

– Чего, брат, гримасничать? Истинно правда. Ей способности в человеке всего дороже: она ведь в Петербурге женскую сапожную мастерскую «на разумно экономических началах» заводила, да вот отозвали ее оттуда на это губернаторство сюда к супругу со всеми ее физиологическими колодками. Но душой она все еще там, там, в Петербурге, с способными людьми. Наслушавшись про тебя, так и кивает локонами: «Василий Иванович, думали ли вы, говорит, когда-нибудь над тем... – она всегда думает над чем-нибудь, а не о чем – нибудь, – думали ли вы над тем, что если б очень способного человека соединить с очень способной женщиной, что бы от них могло произойти?» Вот тут, извини, я уж тебе немножко подгадил: я знаю, что ей все хочется иметь некрещеных

115

детей, и чтоб непременно «от неизвестного», и чтоб одно чадо, сын, называлося «Труд», а другое, дочь – «Секора». Зная это, в твоих интересах, разумеется, надо было отвечать ей: что «от соединения двух способных людей гений произойдет», а я ударил в противную сторону и охранил начальство. Пустяки, говорю, ваше превосходительство: плюс на плюс дает минус. «Ах, правда!..» А я и сам алгебру-то позабыл и не знаю, правда или неправда, что плюс на плюс дает минус; да ничего: женщин математикой только жигани, – они страсть этой штуки боятся.

«О, черт тебя возьми, – думаю, – что он там навстречу мне наболтал и наготовил, а я теперь являйся и расхлебывай! Ну да ладно же, – думаю, – друг мой сердечный: придется тебе брать свои похвалы назад», и сам решил сделать завтра визит самый сухой и самый короткий.

А… а все-таки, должен вам сознаться, что ночь после этого провел прескверно и в перерывчатом сне видел льва. Что бы это такое значило? Посылал к хозяину гостиницы попросить, нет ли сонника? Но хозяйская дочка даже обиделась и отвечала, что «она такими глупостями не занимается». Решительно нет никакой надежды предусмотреть свою судьбу, – и я поехал лицом к лицу открывать что сей сон обозначает?

ГЛАВА СЕМИДЕСЯТАЯ

Переносясь воспоминаниями к этому многознаменательному дню моей жизни, я прежде всего вижу себя в очень большой зале, среди густой и пестрой толпы, с первого взгляда как нельзя более напоминавшей мне группы из сцены на дне моря в балете «Конек-Горбунок». Самое совмещение обитателей вод было так же несообразно, как в упомянутом балете: тут двигались в виде крупных белотелых судаков массивные толстопузые советники; полудремал в угле жирный черный налим в длинном купеческом сюртуке, только изредка дуновением уст отгонявший от себя неотвязную муху; вдоль стены в ряд на стульях сидели смиренными плотицами разнокалиберные просительницы – все с одинаково утомленным и утомляющим видом; из угла в угол по зале, как ерш с карасем, бегали взад и вперед курносая барышня-просительница в венгерских сапожках и сером платьице, подобранном на пажи, с молодым гусаром в венгерке с золотыми шнурками. Эта пара горячо рассуждала о ком-то, кто «заеден средою», и при повороте оба вдруг в такт пощелкивали себя сложенными листами своих просьб, гусар сзади по ляжке, а барышня спереди по кораблику своего корсета, служившего ей в этом случае кирасою. У окна на самом горячем солнопеке сидел совсем ослизший пескарь – белый человечек лет двадцати, обливавшийся потом; он все пробовал читать какую-то газету и засыпал. У другого окна целая группа: шилистая, востроносая пестрая щука в кавалерийском полковничьем мундире полусидела на подоконнике, а пред нею, сложа на груди руки, вертелся красноглазый окунь в армейском пехотном мундире. Правый и левый фланг занимали выстроившиеся шпалерами мелкие рыбки вроде снятков. Щука это был полицеймейстер, окунь... был окунь, а мелочь улыбалась, глядя в большой рот востроносого полицеймейстера, и наперерыв старалась уловить его намерение сострить над окунем. Бедный, жалкий, но довольно плутоватый офицер, не сводя глаз с полицеймейстера, безумолчно лепетал оправдательные речи, часто крестясь и произнося то имя Божие, то имя какой-то Авдотьи Гордевны, у которой он якобы по всей совести вчера был на террасе и потому в это время «физически» не мог участвовать в подбитии морды Катьке-чернявке, которая, впрочем, как допускал он, может быть, и весьма того заслуживала, чтоб ее побили, потому что, привыкши обращаться с приказными да с купеческими детьми, она думает, что точно так же может делать и с офицерами, и за то и поплатилась.

В этой группе разговор не умолкал. Хотя сама героиня Катька-чернявка скоро была позабыта, но зато все беспрестанно упоминали Авдотью Гордевну и тешились. Я узнал при сем случае, что Авдотья Гордевна бела как сахар, вдова тридцати лет и любит наливочку, а когда выпьет, то становится так добра, что хоть всю ее разбери тогда, она слова не скажет. Вдали отсюда шуршали четыре черные, мрачные рака в образе заштатных чиновников. Стоя у самой входной двери, они все-таки еще, вероятно, находили свое положение слишком выдающимся и, постоянно перешептываясь, пятились друг за друга назад и заводили клешни. Я прислушался к их шепоту: один рак жаловался, что его пристав совсем напрасно обвинил, будто он ночью подбил старый лубок к щели своей крыши; а другой, заикаясь и трясясь, повторял все только одно слово «в заштат». У самих дверей сидели два духовные лица, городской кладбищенский священник и сельский дьякон, и рассуждали между собою, как придется новая реформа приходским и кладбищенским. Причем городской кладбищенский священник все останавливался перед тем, что «как же, мол, это: ведь у нас нет прихода, а одни мертвецы!» Но сельский дьякон успокоивал его, говоря: «а мы доселе и живыми, и мертвыми обладали, но вот теперь сразу всего лишимся».

К этой паре вдруг вырвался из дверей и подскочил высокий,

117

худощавый брюнет в черном просаленном фраке. Он склонился пред священником и с сильным польским акцентом проговорил:

– Э-э, покорнейше вас прошу благословить.

Священник немного смешался, привстал и, поддерживая левой рукой правый рукав рясы, благословил.

Вошедший обратился с просьбой о благословении и к дьякону. Дьякон извинился. Пришлец распрямился и, не говоря более ни одного слова, отошел к печке. Здесь, как обтянутый черною эмалью, стоял он, по-наполеоновски скрестя руки, с рыжеватой шляпой у груди, и то жался, то распрямлялся, поднимал вверх голову и вдруг опускал ее, ворошил длинным, вниз направленным, польским усом и заворачивался в сторону.

Становилось жарко и душно, как в полдень под лопухом; все начали притихать: только мухи жужжали, и рты всем кривила зевота.

Но всеблагое Провидение, ведающее меру человеческого терпения, смилостивилось: зеленые суконные портьеры, закрывавшие дверь противоположного входу конца покоя, распахнулись, и вдоль залы, быстро кося ножками, прожег маленький борзый паучок, таща под мышкой синюю папку с надписью «к докладу», и прежде, чем он скрылся, в тех же самых темных полотнищах сукна, откуда он выскочил, заколыхался огромный кит… Этот кит был друг мой, Василий Иванович Фортунатов. Он стал, окинул глазами залу, пошевелил из стороны в сторону челюстями и уплыл назад за сукно.

В зале все стихло; даже гусар с барышней стали в шеренгу, и только окунь хватил было «физически Катьку не мог я прибить», но ему разом шикнуло несколько голосов, и прежде чем я понял причину этого шика, пред завешенными дверями стоял истый, неподдельный, вареный, красный омар во фраке с отличием; за ним водил челюстями Фортунатов, а пред ним, выгибаясь и щелкая каблук о каблук, расшаркивался поляк.

ГЛАВА СЕМЬДЕСЯТ ПЕРВАЯ

Фортунатов пошептал губернатору на ухо и показал на меня глазами.

Губернатор сощурился, посмотрел в мою сторону и, свертывая ротик трубочкой, процедил:

– Я, кажется, вижу господина Ватажкова?

Я подошел, раскланялся и утвердил его превосходительство в его догадке.

Губернатор подал мне руку, ласково улыбнулся и потянул меня к портьере, сказав:

– Я сейчас буду.

Фортунатов шепнул мне:

– Ползи в кабинет, – и каким-то непостижимо ловким приемом одним указательным пальцем втолкнул меня за портьеру.

Здесь мне, конечно, нельзя было оставаться между портьерой и дверью: я налег на ручку и смешался… Передо мной открылась большая наугольная комната с тремя письменными столами: один большой посредине, а два меньшие – у стен, с конторкой, заваленною бумагами, с оттоманами, корзинами, сонетками, этажеркой, уставленною томами словаря Толя и истории Шлоссера, с пуговками электрических звонков, темною и несхожею копией с картины Рибейры, изображающей св. Севастиана, пронзенного стрелой, с дурно написанною в овале головкой графини Ченчи и олеографией тройки Вернета – этими тремя неотразимыми произведениями, почти повсеместно и в провинциях и в столицах репрезентующих любовь к живописи ничего не понимающих в искусстве хозяев. Эти три картины, с которыми, конечно, каждому доводилось встречаться в чиновничьих домах, всегда производили на меня точно такое впечатление, какое должны были ощущать сказочные русские витязи, встречавшие на распутье столбы с тремя надписями: «самому ли быть убиту, или коню быть съедену, или обоим в плен попасть». Тут: или быть пронзенным стрелою, как св. Севастиан, и, как он же, ждать себе помощи от одного неба, или совершать преступление над преступником и презирать тех, кто тебя презирает, как сделала юная графиня Ченчи, или нестись отсюда по долам, горам, скованным морозом рекам и перелогам на бешеной тройке, вовсе не мечтая ни о Светланином сне, ни о «бедной Тане», какая всякому когда-либо мерещилась, нестись и нестись, даже не испытуя по-гоголевски «Русь, куда стремишься ты?» а просто… «колокольчик динь, динь, динь средь неведомых равнин»… Но все дело не в том, и не это меня остановило, и не об этом я размышлял, когда, отворив дверь губернаторского кабинета, среди описанной обстановки увидел пред самым большим письменным столом высокое с резными украшениями кресло, обитое красным сафьяном, и на нем… настоящего геральдического льва, каких рисуют на щитах гербов. Лев окинул меня суровым взглядом в стеклышко и, вместо всякого приветствия, прорычал:

– Доклад уже кончен, и губернатор более заниматься не будет…

Я еще не собрался ничего на это отвечать, как в кабинет вскочил Фортунатов и, подбежав ко льву, назвал мою фамилию и опять выкатил теми же пятами.

Лев приподнялся, движением брови выпустил из орбиты стеклышко и... вместе с тем из него все как будто выпало: теперь я видел, что это была просто женщина, еще не старая, некрасивая, с черными локонами, крупными чертами и повелительным, твердым выражением лица. Одета она была строго, в черное шелковое платье без всякого банта за спиной; одним словом, это была губернаторша.

Она довольно приветливо для ее геральдического величия протянула мне руку и спросила, давно ли я из-за границы, где жил и чем занимался. Получив от меня на последний вопрос ответ, что я отставным корнетом пошел доучиваться в Боннский университет, она меня за это похвалила и затем прямо спросила:

– А скажите, пожалуйста, много ли в Бонне поляков?

Я отвечал, что, на мой взгляд, их всего более учится военным наукам в Меце.

– Несчастные, даже учатся военным наукам, но им все, все должно простить, даже это тяготение к школе убийств. Им по-прежнему сочувствуют в Европе?

– Кто не знает сущности их притязаний, те сочувствуют.

– Вы не так говорите, – остановила меня губернаторша.

– Я вам сообщаю, что видел.

– Совсем не в том дело: на них, как и на всю нашу несчастную молодежь, направлены все осадные орудия: родной деспотизм, народность и православие. Это омерзительно! Что же делают заграничные общества в пользу поляков?

– Кажется, ничего.

– А у нас в Петербурге?

Я отвечал, что вовсе не знал в Петербурге таких обществ, которые блюдут польскую справу.

– Они были, – таинственно уронила губернаторша и добавила, – но, разумеется, все они имели другие названия и действовали для вида в других будто бы целях. Зато здесь, в провинциях, до сих пор еще ничего подобного... нет, и тут эти несчастные люди гибнут, а мы, глядя на них, лишь восклицаем: «кровь их на нас и на чадех наших». Я не могу... нет, решительно не могу привыкнуть к этой новой должности: я не раз говорила Егору Егоровичу (так зовут губернатора): брось ты, Жорж, это все. Умоляю тебя, хоть для меня брось, потому что иначе я не могу, потому что на тебе кровь... Напиши откровенно и прямо, что ты этого не можешь: и брось, потому что... что же это такое, до чего же, наконец, будет расходиться у всех слово с делом? На нас кровь... брось, умой руки, и мы выйдем чисты.

Я заметил, что у супруга ее превосходительства прекрасная должность, на которой можно делать много добра.

— Полноте, бога ради, что это за должность! Что такое теперь губернаторская власть? Это мираж, призрак, один облик власти. Тут власть на власти; одни предводители со своим земским настроением с ума сведут. Гм, крепостники, а туда же, «мы» да «мы». Мой муж, конечно, не позволит, но одному губернатору предводитель сказал: «вы здесь калиф на час, а я земский человек». Каково-с! А Петербург и совсем все перевертывает по-своему и перевертывает, никого не спросясь. Зачем же тогда губернаторы? Не нужно их вовсе, если так. Нет, это самое неприятное место, и я им совершенно недовольна; разумеется, если Егор Егорович говорит, что это нужно для будущего, то я в его мужские дела не мешаюсь, но все, что я вижу, все, во что я вникаю в течение дел по его должности, то, по-моему, это такая мизерность, которою способному человеку даже стыдно заниматься.

— Какие же места вам, — спрашиваю, — нравятся больше губернаторских?

— Ах боже мой! да мало ли нынче дел для способного человека: идти в нотариусы, идти в маклера, в поверенные по делам, — у нас ведь есть связи: наконец издавай газету или журнал и громи, и разбивай, и поднимай вопросы, и служи таким образом молодому поколению, а не правительству.

В это время разговор наш прервался приходом губернатора, который возвратился с видом тяжкого утомления и, пожав мне молча с большим сочувствием руку, бережно усадил меня в кресло.

ГЛАВА СЕМЬДЕСЯТ ВТОРАЯ

— Мы говорим здесь, Грегуар, о тебе, — начала губернаторша. — Господин Ватажков находит, что твое место лучшее из всех, на какое ты мог бы рассчитывать.

Я поспешил поправить редакцию этой фразы и восстановил свои слова в их точном смысле.

— Помилуйте, мало ли дела теперь способному человеку, — отвечал мне, махнув рукою, губернатор и сейчас же добавил: — но я ничего не имею и против этого места; и здесь способный человек мог бы, и очень бы мог кое-что делать, если бы только не эта вечная путаница всех слов, инструкций, требований и... потом эти наши суды-с!.. – Губернатор зажмурил глаза и пожал плечами. – Вы здесь уже несколько дней, так вы должны были слышать о разбирательстве купца, избившего мещанина по его якобы собственной просьбе?

Я отвечал, что мне это известно.

– Это верх совершенства! – воскликнул губернатор и, захохотав, добавил: – А еще хотим всех ру-с-си-фи-ци-ро-ва-ть... А кстати, – обернулся он к жене, – ты знаешь, наш фортепианный настройщик совсем руссифицировался – принял православие, а потому просит об определении.

Губернатор в последней фразе очень хорошо передразнил виденного мною полячка, а губернаторша в это время вскинула в глаз стеклышко, и передо мною опять явился самый грозный геральдический лев.

– И ты, Грегуар, дашь ему какое-нибудь место? – спросила она строго мужа.

– Ну, не знаю, друг мой... пока еще ничего не знаю, – отвечал несколько потерянно губернатор.

– Я надеюсь, что не дашь.

– Это почему?

– Изменнику! я этого не позволяю.

– Ну, вот видишь, как ты скорб... не позволяешь поляку переменить веры, не разобравши, для чего он это делает? Почему же ты не допускаешь, что у него могло случиться и довольно искренне?

– Полно, бога ради! Он не так глуп, чтобы придавать значение поповской стрижке: все веры вздор, – творец всего кислород.

– Ну, хорошо, это так, я допускаю, что единственный бог есть бог – кислород, но твой полячок беден... «жена и дзеци», а им нужно дрова и свечи... Ах, как все вы, господа, даже самые гуманнейшие, в сущности злы и нетерпимы! Ну, ну, сделал бедный человек что-нибудь для того, чтоб усвоить возможность воспользоваться положением дел... ну, ну, что вам от этого, très chaud[20] или froid?[21] Ничуть не бывало: вокруг вас все обстоит благополучно, и ничто не волнуется, кроме собственной вашей нетерпимости. Удивительно, как это у нас повсюду развился этот талант подуськивать, – проговорил он, оборачивая ко мне довольное, благодушным матом розового либерализма подернутое лицо. – Я часто, слушая похвалы нынешнему веку, говорю себе: нет, я старовер! Помилуйте, что такое за прогресс в этом воинственном настроении? Я тебя рву за руки, а ты меня тянешь за ноги... Гони, догоняй, бей!.. улё-лё,

---

[20] Очень жарко (франц.).) или froid(Холодно (франц.)
[21] Холодно (франц.)

ату его, и всё за что? За то, что ты как-нибудь не так крестишься или не так думаешь… Помилуйте! помилуйте! что это такое? Ты поляк, ты немец, ты москаль… Да что это за вздор, я вас спрашиваю? Не все ли равно люди? Бог, говорят, даже и жидов манной кормил, а теперь я должен всех их из города выгнать… Я больше Бога, что ли? И это прогресс! И это девятнадцатый век! Нет, я старовер – и неисправимый старовер. И где здесь, не понимаю, дипломатические соображения? Я решительно не знаю, чего смотрят у нас? Помилуйте: нам ли считаться, например, с Англией? Где у нас Дерби? Дайте мне Дерби! Он у них из плохеньких, но а нам еще ничего-с; нам еще был бы хорош-с! Дайте его мне, и я его приспособлю, но нет-с его-с, вот в чем дело! Нам ли ссориться с кем-нибудь в Европе, когда у нас на свои самые пустые домашние дела способных людей нет. Где он у нас – человек? Я часто слышу о способных людях, но на чем же испытываются их способности? Нет, дайте ему задачу… Да этого мало-с; у нас еще ни в чем настоящего движения нет; у нас никакой, ровно никакой жизни нет: все… фикции, одни фикции! Пожалуйста, загляните только в газеты… что это такое? Все ведь стоит! Разве это печать, которая всегда вертится вокруг да около? А тут обрусение, армия, споры, Бокк, Фадеев, Ширрен, Самарин, Скарятин, Катков… Что это, спрашиваю вас, за особы?.. А о них спор, раздор, из-за них дробление на партии, а дела делать некогда и некому. Нет-с, я старовер, и я сознательно старовер, потому что я знал лучшее время, когда все это только разворачивалось и распочиналось; то было благородное время, когда в Петербурге школа устраивалась возле школы, и молодежь, и наши дамы, и я, и моя жена, и ее сестра… я был начальником отделения, а она была дочь директора… но мы все, все были вместе : ни чинов, ни споров, ни попреков русским или польским происхождением и симпатиями, а все заодно, и… вдруг из Москвы пускают интригу, развивают ее, находят в Петербурге пособников, и вот в позапрошлом году, когда меня послали сюда, на эту должность, я уже ничего не мог сгруппировать в Петербурге. Я хотел там хорошенько обстановиться и приехать сюда с своими готовыми людьми, но, понимаете, этого уже нельзя, этого уже невозможно было сделать, потому что все на себя печати поналожили: тот абсолютист, тот конституционалист, этот радикал… и каждый хочет, чтобы я держал его сторону… Да что это за вздор такой, господа? К чему, позвольте мне узнать, я стану держать чью-нибудь сторону?.. Я вовсе не вижу на то причины! Кто я и что я , это дело моей совести и должно оставаться моею тайной… И, наконец, все это глупость; я понимаю абсолютизм, конечно, не по-кошелевски; я имею определенные чувства к республикам известного строя, к республикам с строгим и умным правлением, но… (губернатор развел руками), но…

конституционное правительство… извините меня, это черт знает что!.. Но, впрочем, я и в этом случае способен не противоречить: учредите закрытую баллотировку, и тогда я не утаюсь, тогда я выскажусь, и ясно выскажусь; я буду знать тогда, куда положить мой шар, но… иначе высказываться и притом еще высказываться теперь именно, когда начала всех, так сказать, направлений бродят и имеют более или менее сильных адептов в самых влиятельных сферах, и кто восторжествует – неизвестно, – нет-с, je vous fais mon compliment[22], я даром и себе, и семье своей головы свернуть не хочу, и… и, наконец, – губернатор вздохнул и договорил: – и, наконец, я в настоящую минуту убежден, что в наше время возможно одно направление – христианское , но не поповско-христианское с запахом конопляного масла и ладана, а высокохристианское, как я его понимаю… Он сложил котелочкой два пальца левой руки и, швыряя во все стороны тихие щелчки, от которых будто должно было летать что-то вроде благодати, шептал:

– Мир, мир и мир, и на все стороны мир – вот что должно быть нашей задачей в данную минуту, потому что concordia parva res crescunt – малые вещи становятся великим согласием, – вот что читается на червонце, а мы это забываем, и зато у нас нет ни согласия, ни червонцев. Вот вам и тема; садитесь и пишите!

Я молчал, а губернатор хлебнул воды и перевел дух.

– Вам навязывают труд о сельских больницах, – заговорил он после этой поправки. – Это всегда так у нас; свежий, способный человек – его сейчас и завалят хламом; нет, а вы дайте человеку идти самому; пусть он сам берет себе вопрос и работает… Я разработать ничего не могу – некогда; я могу бросить мысль – вот мое дело, – и он опять начал пускать на воздух щелчки… – Но я должен иметь людей, способных поднять, подхватить мою мысль на лету и развить ее… тоже на лету, а таких людей нет, положительно нет. И, не забудьте, их у нас нигде теперь нет! Их у самого Горчакова нет… я по крайней мере их там не вижу. То же самое, что везде-с… Возятся со славянским вопросом, и ни взад, ни вперед! Разве так надо? Если б это вести как должно, то есть если бы не скрывать, что, с одной стороны, панславистский вопрос – это вопрос революционный; что вообще национальности – дело аристократическое, ибо мужику-с все равно, русский с него подати берет или нерусский, а насильственно обрусить никого нельзя, потому что… был-с век созидания искусственных монархий, а теперь…

Губернатор бросил свои руки по разным направлениям и проговорил:

– Теперь-с вот что: теперь век разъединения всяких насильственных

политических сцеплений, и против этого бороться глупо-с... Извините, бросая мысли, я увлекаюсь, но вы это оформите мягче.

Я только поглядел на этого мечтателя... Нет, думаю, сам, брат, оформливай, что набросал.

Он, вероятно, заметил мое недоумение и спросил, намерен ли я служить.

– Нет, – отвечаю, – отнюдь не намерен.

– А почему?

Я хотел было сказать, что неспособен; но, думаю, попадусь; скажет: «да неспособным-то и служить», и ответил, что мое здоровье плохо.

– Полноте, бога ради! Нынешняя служба никого не изнуряет. Василий Иванович говорил мне, что вы нуждаетесь в некоторых материалах для своей работы о больницах. Чудак этот Василий Иванович! – вставил губернатор с добродушной улыбкой. – Труженик вечный, а мастер – никогда! Я как увидел его – сказал это, и не ошибся.

– А я его очень люблю, – сухо заметила губернаторша, выбрасывая стеклышко из глаза и делаясь опять из страшного льва просто неприятной женщиной.

– И я, мой друг, его люблю, – отозвался губернатор, – но не могу же я его способностям давать больше цены, чем они стоят. Не могу я ему ставить пять баллов, когда ему следует два... только два! Он прекрасный человек, mais il est borné... он ограничен, – перевел мне его превосходительство и добавил, что он велел Фортунатову пустить меня в канцелярию, где мне «всё откроют», и просил меня быть с ним без чинов и за чем только нужно – идти прямо к нему, в чем даже взял с меня и слово.

Для первого визита мне показалось довольно.

ГЛАВА СЕМЬДЕСЯТ ТРЕТЬЯ

Я поблагодарил, раскланялся и ушел обласканный, но очень недовольный собой. Что это за вздорное знакомство? Противно даже. Зато, думаю, более меня не позовут, потому что, верно, и я им, в свою очередь, не очень понравился. Но Фортунатов зашел вечером и поздравляет:

– Прекрасно, – говорит, – ты себя держал, ты верно все больше молчал.

– Да, – говорю, – я молчал.

– Ну вот, губернатор тебя нашел очень дельным и даже велел сегодня же к нему писаря прислать: верно хочет «набросать мыслей» и будет просить тебя их развить; а губернаторша все только сожалеет, что не могла с тобой наедине поговорить.

– О чем же? Мы с ней и так, кажется, много говорили и о поляках, и о призваниях.

– Ну, да про поляков теперь уж все пустое, с полгода тому беда была у нас. Тут есть полячок, Фуфаевский, – он все нашим дамам будущее предсказывает по линиям рук да шулерничает, – так он ее напугал, что на ней польская кровь где-то присохла. Она, бедняга, даже ночью, как леди Макбет, по губернаторскому дому все ходила да стонала: «Кровь на нас, кровь! иди прочь, Грегуар, на тебе кровь!» Ну, а тому от нее идти прочь неохота: вот она его этим и переломила на польскую сторону… Да все это вздор. Она мне что-то другое о тебе говорила. О чем бишь она хотела от тебя, как от способного человека, узнать?.. Да! вспомнил: ей надо знать, открыто или нет средство, чтобы детей в реторте приготовлять?

– Это, – говорю, – что за глупость?

– Писано, – говорит она, – будто было про это, а ей непременно это нужно: она дошла по книжке Пельтана, что женщины сами виноваты в своем уничижении, потому что сами рождают своих угнетателей. Она хочет, чтобы дети в ретортах приготовлялись, какого нужно пола или совсем бесполые. Я обещал ей, что ты насчет этих реторт пошныряешь по литературе и скажешь ей, где про это писалось и как это делать.

– Ты, – говорю, – шут гороховый и циник.

– Нет, ей-богу, – говорит, – я ей обещал, – да еще сам, каналья, и смеется.

– Ну, а успел обещать, так умей сам и исполнять как знаешь.

ГЛАВА СЕМЬДЕСЯТ ЧЕТВЕРТАЯ

Целую ночь я однако ж продумал, лежа в постели: что это за люди и что за странный позыв у них к самой беспричинной и самой беззаветной откровенности? Думал, решал и ничего не решил; а наутро только что сел было за свою записку, как вдруг является совсем незнакомый господин, среднего роста, белый, белобрысый, с толстыми, бледными, одутловатыми щеками, большими выпуклыми голубыми глазами и розовыми губками сердечком.

Вошел он очень торопливо, размахивая фуражкой, плюхнул прямо на стул у моего письменного стола и, усевшись, отрекомендовался Семеном Ивановичем Дергальским.

Говорит картавя, присюсюкивая и сильно поплевывая в собеседника.

– Плишел, – говорит, – к вам с доблым намелением, вы человек чузой и не видите, что с вами творят. Кто вас лекомендовал Фольтунатову?

Я отвечал, что мы с Фортунатовым старые знакомые.

– Плесквельно, это плесквельно! – заговорил мой гость. – Фольтунатов пельвый подлец! Извините меня; он вась длуг, но я плезде всего цестный целовек и говолю плявду. Это он вас повел к губельнатолю?

– Он.

– Ах, мельзавец! Извините, я говолю всегда плямо. Он ведь не плявитель канцелялии, а фокусник; он сам и есть «севельный маг и вользебник». Он хитл как челт. Длугие плячут... Но, позвольте, я это напишу.

Я подал ему карандаш, а он написал прячут и продолжал:

– Да-с; плячут от начальства новых людей, а он налосьно всех подводит и члесь то бесплистлястным слывет, а потом всех в дуляцкие кольпаки наляжет. Я самое тлюдное влемя в западных губельниях слюзил, и полезен был, и нагляды полючал, потому сто я плямой настояссий лусский целовек... Я не хитлец, как он, сто баляхнинским налечием говолит, а сам и насым и васым, хузе зида Иоськи, что ваксу плодает; а я, видите, я даже на визитных кальточках себя не маскилую... – и с этим он подал мне свою карточку, на которой было напечатано: Семен Иванович Дергалъский – почтовый люстратор . – Видите, как плямо иду, а он ботвинью и бузянину лопает, а люсских людей выдает ляху Фуфаевскому. Он сказал мне: «я тебя с губельнатолом сблизу и всех ляхов здесь с ним выведесь»... как самого способного целовека меня пледставил. Губельнатоль плосил меня: «будьте, говолит, моим глазом и ухом, потому сто я хоть знаю все, сто делается в голоде, а сто из голода...» Но, позвольте, это я напишу.

И он написал: в городе , и продолжал снова:

– «Сто из голода выезжает, это только вы одни мозете знать». Я на это для обьсей пользы согласился, а Фольтунатов мне так устлоил, что я с губельнатолом говолить не мог.

– Отчего же?

– Потому сто губельнатолша всегда тут зе вельтится: Фольтунатову, подлецу, это на луку: ему она не месает; потому сто он пли ней налёсно о лазных вздоляx говолит: как детей в летолтах плиготовлять и тому подобное, а сам подсовывает ее музу сто хоцет к подписи, мелзавец, а я долзен был дело лясказать, что я за день плолюстлиловал, кто о цем писет, – а она не выходит. Я как настояссий слузбист плямо посол, плямым путем, и один лаз пли ней плямо сказал ему: «васе плевосходительство, мы о таких вестях не плиучены говолить пли тлетьем лице», а она сейцас:

«Это и пликласно! – говолит, – Глегуал, выди, мой длуг, вон, пока он долозит!» Сто я тут мог сделать? Я нацинаю говолить и, наконец, забываю, сто это она, а не он, и говолю, сто Фуфаевский послал своему блату в Польсу, письмо, стоб он выслал ему сюда для губельнатолсы симпатицескую польскую блошку, стобы под платьем носить; а она как вскочит… «Глегуал! – кличит, лясполядись сейцас его уволить! он меня обидел», – и с тех пол меня в дом не плинимают. Тут Фольтунатов как путный и вмесялся. «Позвольте, говолит, вам объяснить: ведь он это не со злым умыслом сказал: он хотел сказать, сто Фуфаевский выписывает для губельнатолсы польскую блошку, а сказал блошку …» Но нет, позвольте каландаш, а то вы тоже этого не поймете.

Дергальский схватил карандаш и написал четко б-р-о-ш-к-у.

– Вот сло о цем дело! – продолжал он, – и это им Фольтунатов объяснил, да кстати и всем лазблаговестил и сделал меня сутом голоховым, а для чего? для того, сто я знал, сто он губельнатолу яму лоет.

– Он… губернатору яму роет?

– А как зе? Я знаю, сто он ему один лаз дал подписать, и куда он это хотел отплавить. Вот посмотлите, – и дает бумагу, на которой написано: «Отца продал, мать заложил и в том руку приложил», а подписано имя губернатора… – Я это знал, – продолжал Дергальский, – и стлемился после ссолы все это сообссить, но мне не довеляют, а почему? потому сто меня Фольтунатов сумаседсим и дулаком поставил, а подлец Фуфаевский на меня козла из конюсни выпустил, а козел мне насквозь бок логами плополол и изувецил меня пли всех поселеди улицы. Я тли месяца в постели лезал и послал самую плавдивую залобу, что козел на меня умысленно пуссен за мой патлиотизм, а они на смех завели дело «о плободании меня козлом с политицескими целями по польской интлиге» и во влемя моей болезни в Петелбулг статью послали «о полякуюссем козле», а тепель, после того как это напецатано, уж я им нимало не опасен, потому сто сситаюсь сумаседсим и интлиганом. Я вазные, очень вазные весси знаю, но не могу сказать, потому сто всё, сто я ни сказу, только на смех поднимают: «его-де и козел с политицескими целями бил». Мне тепель одному делать нецего: я собилаю палтию и плисол вас плосить: составимте палтию.

– Позвольте, – говорю, – против кого же мы будем партию составлять?

– Плотив всех, плотив Фольтунатова, плотив всех пледателей.

– Да я здесь, – отвечаю, – новый человек и ни в какие интриги входить не хочу.

– Не хотите? а если не хотите в интлиги входить, ну так вы плопали.

– Напротив, со мной все очень доверчивы и откровенны!

Дергальский вскочил и захохотал.

– Поздлявляю! – заговорил он, – поздлявляю вас! Откловенны … здесь всегда с того начинается… все откловенны!.. Они как слепни все на нового целовека своих яиц накладут, а потом целвяки-то выведутся да вам скулу всю и плоглызут… Поздлявляю! Теперь вы много от них слысали длуг пло длуга, – ну и попались; тепель все вас и станут подозлевать, что вы их длуг длугу выдаете. Не вельте им! никому не вельте! Не интлиговать здесь тепель никому нельзя – повельте, нельзя. Даже когда вы интлигуете – меньше глеха; вы тогда на одной столоне… Мой вам совет: составимте палтию.

– Нет-с, – отвечаю, – я ни к какой партии здесь принадлежать не намерен, я сделаю свое дело и уеду.

– Нет-с, вы так не сделаете; сначала все так говолят, а как вам голяцего за козу зальют, так и не уедете. Генелал Пеллов тоже сюда на неделю плиехал, а как пледводитель его нехолосо плинял, так он здесь уж втолой год живет и ходит в клуб спать.

«Это еще, – думаю, – что такое?»

– Пеллов, Пеллов, известный генелал… – Дергальский опять схватил карандаш и написал: П-е-р-л-о-в . – Знаете?

– Знаю.

– Ну вот он самый и есть: и зена и дети узе сюда к нему едут, – он бедный целовек, а больсе тысяци лублей стлафу в клуб пелеплацивает, и вот увидите, будет здесь сидеть, пока совсем лазолится.

– А зачем он платит штраф?

– А потому сто все пледводителю этим мстит: пледводительский зять сталсиной в клубе, а Пеллов всякое его дезулство плиходит и спит в клубе до утла, стоб и пледводительский зять, как сталсина, сидел, – вот за это и платит.

Что такое за чепуха? Неужто все это вправду выделывается в такое серьезное время? Дергальский клянется и божится, что все это именно так; что предводитель терпеть не может губернатора и что потому все думали, что они с генералом Перловым сойдутся, а вышло иначе: предводитель – ученый генерал и свысока принял Перлова – боевого генерала, и вот у них, у двух генералов, ученого и боевого, зашла война, и Перлов, недовольный предводителем, не будучи в силах ничем отметить ему лично, спит в клубе на дежурстве предводительского зятя и разоряет себя на платежи штрафа. Черт знает что такое!

– Вы, – говорю, – не имеете ли каких-нибудь соображений об устройстве врачебной части России? Вот это мне очень интересно!

– Нет, – отвечал Дергальский, – не имею… Я слихал, сто будто нас полицеймейстель своих позальных солдат от всех болезней келосином лечит и очень холосо; но будто бы у них от этого животы насквозь

129

светятся; однако я боюсь это утвельздать, потому сто, мозет быть, мне все это на смех говолили, для того, стоб я это ласпустил, а потом под этот след хотят сделать какую-нибудь действительную гадость, и тогда пло ту уз нельзя будет сказать. Я тепель остолозен.

– Не поздно ли?

– Да, поздно; но если составить палтию…

– Нет, меня, – говорю, – увольте.

– Залею, – говорит, – оцень. Вы по клайней меле хоть цем-нибудь запаситесь.

– Чем же?

– Секлет какой-нибудь имейте в луках, а то…

– Чего же вы опасаетесь?

– Чего? пелвым вледным целовеком вас сделают, да-с!

С этим Дергальский вздохнул, крепко сжал мою руку и вышел.

ГЛАВА СЕМЬДЕСЯТ ПЯТАЯ

Ужасно расстроил меня этот сюсюкающий господии и звуком своего голоса, и своими нервами, и своими комическими несчастиями, и открытием мне глаз. Последнее особенно было мне неприятно. В самом деле: где же это я и с кем я? И, наконец, кто же мне ручается, что он сам говорит правду, а не клевещет? Одним словом, я в мужском теле ощущал беспокойное чувство женщины, которой незваная и непрошеная дружба открывает измены любимого человека и ковы разлучницы. На что мне было знать все это, и какая польза мне из всех этих предостережений? Лучше всего… в сторону бы как-нибудь от всего этого.

Открываюсь Фортунатову: говорю ему, что мне что-то страшно захандрилось, что я думаю извиниться письмом пред предводителем и уехать домой, отказавшись вовсе представлять мою неоконченную записку об устройстве сельской медицины.

Фортунатов вооружился против этого.

– Это, – говорит, – будет стыд и позор, срам и бесчестие; да и отчего это тебе вдруг пришла фантазия бежать?

– Робость, – шучу, – напала.

– Да ты не ухмыляйся; у тебя неравно не был ли как-нибудь наш сюсюка?

– Кто это сюсюка?

130

– Почтмейстер.

– Ты, – говорю, – отгадал: он был у меня.

Фортунатов хлопнул по столу рукой и воскликнул:

– Экое веретено, экая скотина!.. Такой мерзавец, то ни приедет новый человек, он всегда ходит, всех смущает. Мстит все нам. Ну, да погоди он себе: он нынче, говорят, стал ночами по заборам мелом всякие пасквили на губернатора и на меня сочинять; дай срок, пусть его только на этой обличительной литературе изловят, уж я ему голову сорву.

– Он, – говорю, – и без того на тебя плачется и считает тебя коварным человеком.

– Коварным? Ладно, пусть считает. Дурак он, и больше ничего: его уж и козлы с политическими целями бьют.

– Он это никому, однако, не говорил.

– Не знаю, говорил или не говорил, а в сатирических газетах было писано; не читал статью: «Полякующий козел»?

– Нет, не читал и не хочу.

– Напрасно, – это остроумно написано, да к тому же это и правда: я наверно знаю: это Фуфаевский учил козла биться и спустил его на Дергальского.

– Извините, пожалуйста, но это не делает всем вам чести, что вы злите человека до потери сознания, пока он на всех кошкой стал бросаться.

Фортунатов харкнул и плюнул.

– Нечего, – говорю, – плевать: он комичен немножко, а все-таки он русский человек, и пока вы его не дразнили, как собаку, он жил, служил и дело делал. А он, видно, врет-врет, да и правду скажет, что в вас русского-то только и есть, что квас да буженина.

– Ты, брат, – отвечает мне Фортунатов, – если тебе нравится эти сантиментальные рации разводить, так разводи их себе разводами с кем хочешь, вон хоть к жене моей ступай, она тебя, кстати, морошкой угостит, – а мне, любезный друг, уж все эти дураки надоели, и русские, и польские, и немецкие. По мне хоть всех бы их в один костер, да подпалить лучинкою, так в ту же пору. Вот не угодно ли получить бумаги ворошок – позаймись, Христа ради, – и с этим подает сверток.

– Что это такое?

– Губернаторские мысли, как все извлечь из ничего.

Разворачиваю и читаю, великолепнейшим каллиграфическим почерком надписано: «Секретно. Ряд мыслей о возможности совмещения мнимо несовместимых начал управления посредством примирения идей».

– Ну что это ты мне, Василий Иваныч, за вздор такой приносишь?

– А ты обработай, чтоб оно вышло не вздор.

131

– Нет, – опять говорю, – Дергальский, видно, прав, что ты нарочно всем подводишь вот этакий неразрешимый вздор разрешать.

Фортунатов повел на меня косо глазами, обошел комнату и, поравнявшись с тем местом, где я сидел, вдруг ткнул мне кукиш.

– Вот на-ка, – говорит, – тебе с твоим Дергальским! Напрасно я за всех за вас в петлю небось не лезу! Я, брат, с натурою человек был, а не мудрец, и жену любил, а от этого у меня шесть детей приключилось: им кусок хлеба надо. Что вы, черти, в самом деле, на меня претендуете? Я человек глупый, – ну, так и знайте. Я и сам когда-то было прослыл за умного человека, да увидал, что это глупо, что с умом на Руси с голоду издохнешь, и ради детей в дураки пошел, ну и зато воспитал их не так, как у умников воспитывают: мои себя честным трудом пропитают, и ребят в ретортах приготовлять не станут, и польского козла не испужаются. Что-нибудь одно: умом хочешь кичиться, – ну, другого не ищи, либо терпи, пусть тебя дурак дураком зовет. А мне плевать на все: хоть зовуткой зови, только хлебом корми.

– Прегадкая, – говорю, – у тебя философия.

– Своя, брат, зато: не у немца вычитал; эта по крайности не обманет.

– Скажи лучше, не знаком ли ты с генералом Перловым?

– С Иваном-то воином?

– Да.

– Господи помилуй! – Фортунатов перекрестился и нежным, ласковым тоном добавил: – Я обожаю этого человека.

– Он как же, по-твоему: умен или глуп?

Фортунатов покусал себе ноготь, вздохнул и говорит:

– Это ведь у нас только у одних таких людей ценить не умеют. У англичан вон военачальник Магдалу какую-то, из глины смазанную, в Абиссинии взял, да и за ту его золотом обсыпали, так что и внуки еще макушки из золотой кучи наружу не выдернут; а этот ведь в такой ад водил солдат, что другому и не подумать бы их туда вести: а он идет впереди, сам пляшет, на балалайке играет, саблю бросит, да веткой с ракиты помахивает: «Эх, говорит, ребята, от аглицких мух хорошо и этим отмахиваться». Душа занимается! Солдатам-то просто и задуматься некогда, – так и умирают, посмеиваясь, за матушку за Русь да за веру!.. Как хочешь, ведь это, брат, талант! Нет, это тебе сюсюка хорошо посоветовал: ты сходи к Перлову, не пожалеешь.

– Да как же, – говорю, – я и рад бы пойти, да не могу: надо же, чтобы меня ему кто-нибудь представил.

– Сделай милость, выбрось ты из башки этот вздор: ничего этого у нас не надо: мы люди простые, едим пряники неписаные, а он такой рубака...

132

и притом ему делать нечего, и он очень рад будет пред новым человеком начальство поругать.

— А это для чего же? – спрашиваю.

— Что это – начальство-то ругать? Да это уж, знаешь, такая школа: хорош жемчужок, да не знаешь, куда спрятать; и в короб не лезет и из короба не идет; с подчиненными и с солдатами отец, равному брат, а старшего начальства не переносит, и оно, в свою очередь, тоже его не переваривает. Да он и сам не знает, на какой гвоздок себя повесить. Службу ему надо, да чтобы без начальства, а такой еще нет. Одно бы разве: послать его с особою армией в Центральную Азию разыскать жидов, позабытых в плену Зоровавелем. Это бы ему совсем по шерсти, – так ведь не посылают! Вот он, бедняга, здесь так и мается: коров доит, шинок держит, соседских кур на огороде стреляет да в клуб спать ходит.

ГЛАВА СЕМЬДЕСЯТ ШЕСТАЯ

На другой день встречаю случайно Фортунатова, а он и кричит еще издали:

— А я, – говорит, – брат, сейчас от кровожадного генерала: про тебя с ним разговаривали и про твои заботы о народе сказывал ему.

— Ну что же такое, – говорю, – что ты все с такими усмешками и про народ, и про мои заботы, и про генерала? Что же твой генерал?

— Очень рад тебя видеть, и о народе, сказал, поговорим. Иди к нему; теперь тебе даже уж и нельзя не идти, невежливо.

Сбывает, думаю, разбойник, меня с рук!.. Ну, а уж нечего делать: пойду к кровожадному генералу.

— Только ты, – говорит, – иди вечером и в сюртуке, а не во фраке; а то он не любит, если на визит похоже.

Я и на это согласился.

Пришел вечер, я оделся и пошел.

Домик кровожадного генерала я, разумеется, и прежде знал. Это небольшой, деревянный, чистенький домик в три окна, из которых на двух крайних стояли чубуки, а на третьем, среднем, два чучела: большой голенастый красный петух в каске с перьями и молодой черный козленок с бородой, при штатской шпаге и в цилиндрической гражданской шляпе.

Подъезда с улицы нет, а у калитки нет звонка. Я взялся за большое железное кольцо и слегка потрепал его.

133

— Не стучите, не стучите, и так не заперто, — отвечал мне со двора немного резкий, но добрый и кроткий голос.

Я приотворил калитку и увидел пред собою необыкновенно чистенький дворик, усыпанный желтым песком, а в глубине — сад, отделанный узорчатою решеткой. На крыльце домика сидел тучный, крупный человек, с густыми волосами впроседь, с небольшими коричневыми, медвежьими глазками и носом из разряда тех, которые называются дулями. Человек этот был одет в полосатые турецкие шаровары и серый нанковый казакин. Он сидел на крыльце, прямо на полу, сложив ноги по-турецки. В зубах у него дымился чубук, упертый другим концом в укрепленную на одной ступени железную подножку, а в руках держал черный частый роговой гребень и копошился им в белой, как лен, головке лежавшего у него на коленях трехлетнего длинноволосого мальчишки, босого и в довольно грязной ситцевой рубашке.

— Пожалуйте! — проговорил он мне приветливо, увидя меня на пороге калитки, и при этом толкнул слегка мальчишку, бросил ему гребень и велел идти к матери.

— Это, что вы видите, — продолжал он, — кухаркин сын; всякий день, каналья, волочит ко мне после обеда гребень: «Дяденька, говорит, попугай неприятелей». Соседки-дьячихи дети, семинаристы, его научили. Прошу вас в комнату.

Я поклонился и пошел за ним, а сам все думаю: кто же это, сам он генерал Перлов или нет? Он сейчас же это заметил и, введя меня в небольшую круглую залу, отрекомендовался. Это был он, сам кровожадный генерал Перлов; мою же рекомендацию он отстранил, сказав, что я ему уже достаточно отрекомендован моим приятелем.

ГЛАВА СЕМЬДЕСЯТ СЕДЬМАЯ

Мы сели в небольшой, по старине меблированной гостиной, выходящей на улицу теми окнами, из которых на двух стояли чубуки, а на третьем красный петух в генеральской каске и козел в черной шляпе, а против них на стене портрет царя Алексея Михайловича с развернутым указом, что «учали на Москву приходить такие-сякие дети немцы и их, таких-сяких детей, немцев, на воеводства бы не сажать, а писать по черной сотне».

В углу сиял от лампады большой образ пророка Илии с надписью

134

«ревнуя поревнова́х о Бо́ге Вседержи́теле». Генерал свистнул и приказал вошедшей женщине подать нам чаю и, как предсказывал мой приятель, немедленно же начал поругивать все петербургское начальство, а затем и местные власти. Бранился он довольно зло и минутами очень едко и обращался к помянутому указу царя Алексея, но про все это в подробностях вам нечего рассказывать. Особенно зло от него доставалось высокопоставленным лицам в Петербурге; к местным же он относился с несколько презрительною иронией.

— Здесь верховодят и рядят, — говорил он, — козел да петух: вот я и изображение их из почтения к ним на окно выставил, — добавил он, указывая чубуком на чучел. — Здесь все знают, что это представляет. То вот этот петух — предводитель-многоженец — орет да шпорой брыкает; то этот козленок — губернатор — блеет да бороденкой помахивает, — все ничего: идет. Знаете, как покойный Панин Великой Екатерине отвечал на вопрос: чем сей край управляется? «Управляется, — говорил он, — матушка-императрица, милостию Божиею да глупостию народной».

Генерал весело и громко засмеялся и потом вдруг неожиданно меня спросил:

— Вы Николая Тургенева новую книжку читали?

Я отвечал утвердительно. Генерал, помолчав, высморкался и сначала тихо улыбнулся, а потом совсем захохотал.

— «Стяните вы ее, Россию-то, а то ведь она у вас р-а-с-с-ы-п-е-т-с-я!» — привел он из тургеневской брошюры и снова захохотал. — Вы, впрочем, сами здесь, кажется, насчет стягиванья… липким пластырем, что ли ее, Федорушку, спеленать хотите? — обратился он ко мне, отирая выступившие от смеха слезы. — Скажите бога ради, что такое вы задумали нам приснастить.

Я рассказал.

— Пустое дело, — отвечал, махнув рукой, генерал. — Вы, может быть, не любите прямого слова; в таком случае извините меня, что я вам так говорю, но только, по-моему, все это больше ничего как от безделья рукоделье. Нет, вы опишите-ка нас всех хорошенько, если умеете, — вот это дело будет! Я знаю, что будь здесь покойный Гоголь или Нестор Васильич Кукольник, они бы отсюда по сту томов написали. Сюда прежде всего надо хорошего писателя, чтоб он все это описал, а потом хорошего боевого генерала, чтоб он всех отсюда вон выгнал. Вон что здесь нужно, а не больницы, которых вас никто не просит. Чего вы их насильно-то навязываете? Молчат и еще, как Шевченко писал, «на тридцати языках молчат», а молчат, значит «благоденствуют».

Генерал опять засмеялся и потом неожиданно спросил:

— Вы Шевченку покойного не знали?

Я отвечал, что не знал.

135

– А ко мне его один полицеймейстер привозил. Расхвалил, каналья, что будто «стихи, говорит, отличные на начальство знает». Ну, мол, пожалуй, привезите: и точно недурно, даже, можно сказать, очень недурно: «Сон», «Кавказ» и «К памятнику», но больше всего поляков терпеть не мог. Ух, батюшка мой, как он их, бездельников, ненавидел! То есть это просто черт знает что такое! «Гайдамаки» читает и кричит: «Будем, будем резать тату!» Я уж и окна велел позатворять... против поляков это, знаете, не безопасно, – и после целую неделю лопатой голос из комнаты выгребали – столько он накричал.

– Но вы же ведь, ваше превосходительство, – спрашиваю, – кажется, и сами очень изволите не любить поляков?

– Поляков? нет, я враждебного против них не имею ничего... а любить их тоже не за что. Аристократишки, трусы, дрянь, хвастуны, интриганы и рухавка... уж, какая рухавка! Ух, ух, ух, какая рухавка! Такие бездельники, что с ними драться-то даже не с кем. Как в шакалку не надо стрелять, потому что ружье опоганишь, так и в поляка; на него хорошего солдата посылать жалко. В последнее повстанье я шел усмирять их, думал, что авось те канальи, которые в наших корпусах и в академиях учились, хоть те, хоть для гонора, для шика не ударят лицом в грязь и попрактикуют наших молодых солдатиков, – как-нибудь соберутся нас поколотить. Ничего не бывало: веровали, рухавка этакая канальская, что Наполеон на них смотрит, а смотреть-то и не на что. Подлейшая для нас война была! Если бы не кое-какие свои старые хитрости – просто бы несчастье: могли бы деморализоваться войска. У меня в два месяца один офицер влюбился в польку и убежал, один в карты проигрался и застрелился, да два солдатика с ума сошли. Сноситесь об этом по начальству, пишите в Петербург: много там поймут боевое дело «военные чиновники» и «моменты»!.. Я – вечное благодарение Творцу и Создателю (генерал набожно перекрестился), – я вышел из затруднений без петербургских наставлений.

Я говорю:

– Я слушаю, ваше превосходительство, с крайним любопытством.

Генерал стал продолжать.

ГЛАВА СЕМЬДЕСЯТ ВОСЬМАЯ

– Я, – говорит, – действовал на корень: офицеры и солдаты скучали; надо было их развлечь, а в деревушке чем же их развлечь? Вижу, бывало, что уж очень затосковали и носы повесили, ну, и жаль их бывало; и говорю: ну, уж черт вас возьми, прозевайте, так и быть: выпустите человек пять пленных из сарая, пускай они по лесу побегают. А как те побегут, пошлешь за ними погоняться, – народ немножко и порассеется. Но только ведь; подите ж вы, треанафемские их души, эти полячишки: совсем от меня бегать не стали. «Бегите, паны», – шепчут им подученные люди, – нет, не идут! По пяти целковых, наконец, чрез верные руки давал каждому, который согласится бежать; деньги возьмут – а не бегут. Сам, наконец, лично, с глаза на глаз их подманивал: «Эх, говорю, паны, братья, какая большая банда здесь недалеко в лесу есть! – такая, мол, что даже боимся ее». Не идут, да и только!

– Но позвольте же, – возражаю, – но откуда же пленные-то у вас взялись?

– А это какие-то старые, еще до моих времен попались. Я их по наследству получил. При мне шаталась какая-то горстка, человек в шестьдесят; солдатики человек сорок из них закололи, а человек двадцать взяли. Я приказал тройку повесить, а человек пятнадцать назад выпустить, чтобы рассказывали, какой с ними у меня суд; с тех пор в моем районе все и стихло.

– Как же это, – спрашиваю, – вы без суда сейчас и повесили?

– Ну вот еще, судить! Чего ж поляков судить? Который виноват? Они все виноваты, а которого повесить, это солдаты гораздо правосуднее чиновников разбирают: которые потяжеле, пошибче ранены, тех и вздернут, а которые поздоровей и порезвей – тех выпустят, чтобы дальше пробежали да понагнали страху, как их москали пробирают. Зато этакой просто, как заяц, летит и службу свою мне лучше всякой газеты исполняет. Они, впрочем, и вообще народ исполнительный, ни с кем на свете так не легко управляться, как с поляками. Они в европейской политике действительно довольно непонятливы, по своей бестолковости: потому и Наполеона ждут к себе; но зато от природы сотворены, чтобы русской политике подчиняться, и, сами того не сознавая, очень ее любят, право. С поляком ведь, главное, не надо только церемониться и антимонии разводить; верен он – не кори его ничем, а если нашел у него порох в фортепиано, – как я у одного своего приятеля отыскал... тут же положил его на фортепиано да велел казакам хорошенько нагайками выпороть, а потом опять обедать его зазвал – и ничего. Поляк за это никогда не сердится. Напротив, этот мой приятель, после того, как я его выпорол, даже всем меня хвалил – трубою про меня трубил: «остро, говорит, постемпуе, – але человек, бардзо почтивый». Ведь и вся эта рухавка-то вышла из-за церемоний, все это «пять офяр», пять варшавских мертвецов наделали. Говор пошел: «стржеляйон нас, пане, москали!» Ну,

137

вот вам и претекст для жалоб и к Наполеону, и к Европе. Кровь, знаете, благородное дело! Тут и пан Халявский, и пан Малявский – все в азарт входят: «и меня, и меня, говорят, ледви не застршелили!» А надо было никого не убивать и даже холостым зарядом не стрелять, а казаков с нагайками на них да пожарную команду с водой. Как вспороли бы их хорошенько да водой, как кур, облили бы, – они бы и молчали, и не стали бы хвалиться, что «и я в скурэ достал», и «мне вуды за шие залили!», а, напротив, стали бы все перекоряться – Стась на Яся, а Ясь на Стася, – дескать, «меня не обливали» и «меня нагайкой не лупили». Что бы тут дипломаты вашей Европы-то, за кого бы стали заступаться, когда и обиженных нет? Надо ведь всегда играть на благородных страстях человека, а такового у поляков есть гордость: вот и надо бы не стрелять в них, а пороть да водою окачивать.

– Я полагаю, что ваше превосходительство шутите?

– Нимало-с; да что же шуточного во всем том, что я вам говорю?

– Помилуйте, да что же бы в самом деле Европа-то тогда о нас сказала?

– А вот теперь небось она зато про вас очень хорошо говорит! А я бы, будь моя воля, я бы и Европу-то всю выпорол.

Я даже не выдержал и рассмеялся.

– За что же, мол, ваше превосходительство, вы так строго хотите обойтись с Европой?

– С Европой-то-с! Господи помилуй: да мало ли на ней, на старой грешнице, всяких вин и неправд? И мотовство, и фатовство, и лукавство, и через нее, проклятую цивилизацию, сколько рабочих рук от сохи оторвано, и казенную амуницию рвет, – да еще не за что ее пороть! Нет-с; пороть ее, пороть!

– Если дастся.

– Вздор-с! Разумеется, если ее дипломатическим путем к тому приглашать, она не дастся, а клич по земле русской кликнуть… как Бирнамский лес с прутьями пойдем и всех перепорем, и славян освободим, и Константинополь возьмем, и Парижскую губернию учредим, – и сюсюку Дергальского туда губернатором посадим.

– Ну-с, – говорю, – о Парижской губернии, я полагаю, теперь нам уж не время думать, когда там Бисмарк и Мольтке хозяйничают.

– А что же такое ваши Бисмарк и Мольтке?

– Гениальные люди.

– Вздор-с, мы всех поколотим.

Я усумнился и поставил на вид превосходное устройство немецких сил и образованность их военачальников.

– Вздор-с, – возразил генерал. – Пусть себе они и умны, и учены, а мы все-таки их поколотим.

– Да каким же образом?

– Да таким образом, что они там своими умами да званиями разочтут, а мы им такую глупость удерем, что они только рты разинут. Где по их, по-ученому, нам бы надо быть, там нас никого не будет, а где нас не потребуется, там мы все и явимся, и поколотим, и опять в Берлин Дергальского губернатора посадим. Как только дипломатия отойдет в сторону, так мы сейчас и поколотим. А то дипломаты!.. сидят и смотрятся, как нарциссы, в свою чернильницу, а боевые генералы плесенью обрастают и с голоду пухнут.

ГЛАВА СЕМЬДЕСЯТ ДЕВЯТАЯ

Я помолчал и потом тихо заметил генералу, что, однако, и дипломатических приемов огулом осуждать нельзя.

– Я и не спорю-с против этого, – отвечал генерал. – Я и сам дипломатии не отвергаю, но только я не отвергаю настоящей дипломатии, короткой. Ответь так, чтобы про твой ответ и рассказывать было нельзя. Со мною и самим бывали случаи, что я держался дипломатии. Я раз прихожу, не помню где-то в Германии, какого-то короля дворец хотел посмотреть. Ездил по Рейну, глядел, глядел на эти кирпичи, которые называют «развалинами», – страсть надоело. Дай на другое взгляну: наговорили про один дворец, что очень хорош и очень стоит, чтобы взглянуть, я и пошел. Прихожу-с; а там внизу пред самой лестницей сидит немец и показывает мне, скотина, пальцем на этакие огромные войлочные калоши.

– Это, мол, что такое?

– Надень, – говорит.

– Зачем же, мол, я их стану надевать?

– А затем, что без того, – говорит, – по дворцу не пойдешь.

– Ах ты, – говорю, – каналья этакая! Да я у своего государя не по такому дворцу, да и то без калош ходил, – а стану я для твоего короля шутом наряжаться!

– Ну, так вот, – говорит, – и не пойдешь!

А я плюнул ему в эти кеньги и сказал:

– Ну, так вот, скажи же своему королю, что я ему в калоши плюнул!..

Справлялся после этого, сказали ли что-нибудь об этом королю? ничего не сказали. Так и присохло. Вот такой тон, по-моему, должна держать и дипломатия: чтоб плюнул кому и присохло! На нас, боевых генералов, клевещут, будто мы только как цепные собаки нужны, когда нас надо спустить, а в системе мирного времени ничего будто не понимаем. Врут-с! А спросите-ка... теперь вот все газетчики взялись за то, что в Польше одна неуклонная система должна заключаться в том, чтобы не давать полякам забываться; а я-с еще раньше, когда еще слуха о последней рухавке не было, говорил: закажите вы в Англии или в Америке гуттаперчевого человека, одевайте его то паном, то ксендзом, то жидом, и возите его года в два раз по городам и вешайте. Послушайся они этого моего совета – никто бы и не ворохнулся, и капли крови не было бы пролито. Да что и говорить!

Генерал махнул рукой и добавил:

– Хоть бы на будущее-то время послушнее были, да загодя теперь такую штуку припасли бы, да по Ревелю, да по Риге повозили немцем одетую, а то ведь опять, гляди, скоро понадобится немцев колоть. А мне, как хотите, мне немцев жалко: это не то, что гоноровое полячье безмозглое, – это люди обстоятельные и не перепорть мы их сами, они приятнейшие соотечественники нам были бы. Я, помню, сам в Остзейском крае два года стоял при покойном императоре, так эти господа немцы нам первые друзья были. Бывало, ничего каналья и по-русски-то не понимает, а даже наши песни поет: заместо «по мосту-мосту» задувает:

Оф дем брике, брике, брике,

Оф дем калинишев брике.

А нынче вон, пишут, и они уже «Wacht am Rhein[23]» запели и заиграли. Кто же, как не сами мы в этом виноваты? Ну и надо теперь для их спасения по крайней мере хоть гуттаперчевую куклу на свой счет заказывать, да каким-нибудь ее колбасником или гоф-герихтом наряжать и провешивать, чтоб над живыми людьми не пришлось этой гадости делать.

– А не находите ли вы, – спрашиваю, – опасности в том, что немцы проведали бы, что человек-то, которого вешают, сделан из гуттаперчи?

– Ну так что же такое, что проведали бы? Да им даже под рукою можно было бы это и рассказывать, а они все писали бы, что «москали всех повешали»; ученая Европа и порешила бы, что на Балтийском поморье немцев уже нет, что немцы все уже перевешаны, а которые остались, те, стало быть, наши. Тогда они после – пиши не пиши – никто заступаться не станет, потому что поляков уже нет, все перевешаны; за русских

---

[23] "Стража на Рейне" (нем.)

заступаться не принято, – и весь бы этот дурацкий остзейский вопрос так и порешился бы гуттаперчевою куклой.

– Куклой!.. ну, – говорю, – ваше превосходительство, теперь я уж даже не сомневаюсь, что вы это все изволите шутить.

– Полноте, сделайте милость! Вы меня этим даже обижаете! – возразил с неудовольствием генерал. – А с другой стороны, я даже и не понимаю, что вас так удивляет, что кукла может производить впечатление? Мало ли разве вы видите у нас кукол, которых все знают за кукол, а они не только впечатление производят, но даже решением вопросов руководят. Вы здешний?

– Да, здешний.

– И еще, может быть, в здешней гимазии обучались?

Я отвечал утвердительно.

– Ну, так вы не можете не знать господина Калатузова?

– Как же, – отвечаю, – очень хорошо его знаю.

– Дурак он?

– Да, не умен.

– Чего не умен, просто дурак. Я и отца его знал, и тот был дурак, и мать его знал – и та была дура, и вся родня их была дураки, а и они на этого все дивовались, что уже очень глуп: никак до десяти лет казанского мыла от пряника не мог отличить. Если, бывало, как-нибудь мать в бане в сторону засмотрится, он сейчас все мыло и поест. Людей сколько за это пороли. Просто отчаянье! До восмнадцати лет дома у гувернантки учился, пока ее обнимать начал, а ничему не выучился; в гимназию в первый класс по девятнадцатому году отдали и через пять лет из второго класса назад вынули. Ни к одному месту не годился, – а вон добрые люди его в Петербурге научили газету издавать, и пошло, и заговорили про него, как он вопросы решает. Вот вы его посмотрите: вчера был у меня; приехал в земство, гласным выбран ради своего литературного значения и будет голос подавать.

– Что же, – спрашиваю, – поумнел он хотя немножко, редакторствуя?

– Какое же поумнеть? Мыла, разумеется, уж не ест; а пока сидел у меня – все пальцами нос себе чистил. Из ничего ведь, батюшка, только Бог свет создал, да и это нынешние ученые у него оспаривают. Нет-с; сей Калатузов только помудренел. Спрашиваю его, что, как его дела идут?

«Шли, – говорит, – хорошо, а с прошлого года пошли, хуже».

«Отчего же, мол, это?»

«Запад, – говорит, – у меня отвалился».

«Ну вы, конечно, это горе поправили?»

Думал он, думал:

«М-да, – отвечает, – поправил».

141

«Ну, и теперь, значит, опять хорошо?»

«М-да; не совсем: теперь восток отпал».

– Фу, – говорю, – какое критическое положение: этак все, пожалуй, может рассыпаться?

Думал, опять думал и говорит, что может.

«Так нельзя ли, мол, как-нибудь так, чтобы и востоку, и западу приходилось по вкусу?»

«М-можно, да… людей нет!»

«Что такое? – Удивился, знаете, безмерно, что уж даже и петый дурак, и тот на безлюдье жалуется. – Что такое?» – переспрашиваю, – и получаю в ответ:

«Людей нет».

«В Петербурге-то способных людей нет?»

«Нет».

«Не верю, – говорю. – Вы поискали бы их прилежнее, как голодный хлеба ищет».

«Искал», – отвечает.

«Ну, и что же? Неужели нет?»

«Нет».

«Ну, вы в Москве поискали бы».

«А там, – говорит, – и подавно нет. Нынче их нигде уж нет; нынче надо совсем другое делать».

«Что такое?» – любопытствую. Расскажи, мол, дура любезная, удиви, что ты такое надумала? А он-с меня действительно и удивил!

«Надо, – отвечает, – разом два издания издавать, одно так, а другое иначе».

– Ну, скажите, ради бога, не тонкая ли бестия? – воскликнул, подскочив, генерал. – Видите, выдумал какой способ! Теперь ему все будут кланяться, вот увидите, и заискивать станут. Не утаю греха – я ему вчера первый поклонился: начнете, мол, нашего брата солдата в одном издании ругать, так хоть в другом поддержите. Мы, мол, за то подписываться станем.

«М-да, – говорит, – в другом мы поддержим».

– Так вот-с, сударь, – заговорил, выпрямляясь во весь рост, генерал, – вот вам в наш век кто на всех угодит, кто всем тон задаст и кто прочнее всех на земле водворится: это безнатурный дурак!

ГЛАВА ВОСЬМИДЕСЯТАЯ

Это было последнее слово, которое я слышал от генерала в его доме. Затем, по случаю наступивших сумерек, старик предложил мне пройтись, и мы с ним долго ходили, но я не помню, что у нас за разговор шел в то время. В памяти у меня оставалось одно пугало «безнатурный дурак», угрожая которым, Перлов говорил не только без шутки и иронии, а даже с яростию, с непримиримою досадой и с горькою слезой на ресницах.

Старик проводил меня до моей квартиры и здесь, крепко сжимая мою руку, еще несколько минут на кого-то все жаловался; упоминал упавшим голосом фамилии некоторых важных лиц петербургского высшего круга и в заключение, вздохнув и потягивая мою руку книзу, прошептал:

– Вот так-то-с царского слугу и изогнули, как дугу! – а затем быстро спросил: – Вы сейчас ляжете спать дома?

– Нет, – отвечал я, – я еще поработаю над моей запиской.

– А я домой только завтра, а до утра пойду в дворянский клуб спать: я там таким манером предводительского зятя мучу: я сплю, а он дежурит, а у него жена молодая. Но зато штраф шельмовски дорого стоит.

Тягостнейшие на меня напали размышления. «Фу ты, – думаю себе, – да что же это, в самом деле, за патока с имбирем, ничего не разберем! Что это за люди, и что за странные у всех заботы, что за скорби, страсти и волнения? Отчего это все так духом взмешалось, взбуровилось и что, наконец, из этого всего выйдет? Что снимется пеною, что падет осадкой на дно и что отстоится и пойдет на потребу?»

А генерала жалко. Из всех людей, которых я встретил в это время, он положительно самый симпатичнейший человек. В нем как-то все приятно: и его голос, и его манеры, и его тон, в котором не отличишь иронии и шутки от серьезного дела, и его гнев при угрозе господством «безнатурного дурака», и его тихое: «вот и царского слугу изогнули, как в дугу», и даже его не совсем мне понятное намерение идти в дворянский клуб спать до света.

Да, он положительно симпатичнее всех... кроме пристава Васильева. Ах, боже мой, зачем я, однако же, до сих пор не навещу в сумасшедшем доме моего бедного философа и богослова? Что-то он, как там ориентировался? Находит ли еще и там свое положение сносным и хорошим? Это просто даже грех позабыть такую чистую душу... Решил я себе, что завтра же непременно к нему пойду, и с тем лег в постель.

Записка не пишется, да и что писать, сам не знаю, а уж в уме у меня начали зарождаться лукавые замыслы, как бы свалить это дело с плеч долой.

«Не совсем это нравственно и благородно, – думаю я, засыпая, – ну да что же поделаешь, когда ничего иного не умеешь? Конечно, оно можно бы... да настойчивости и цепкости в нас нет... Лекарь Отрожденский прав: кажется, действительно народ еще может быть предоставлен пока своей смерти и сойдется с ней и без медицинской помощи... Однако как это безнравственно!.. Но... но Перлов „безнатурным дураком“ грозится... Страшно! Глупость-то так со всех сторон и напирает, и не ждет... Вздоры и раздоры так всех и засасывают...» И вдруг среди сладкой дремоты, завязывающей и путающей эти мои соображения, я чувствую толчок какою-то мягкою и доброю рукой, и тихий голос прошептал мне над ухом: «Спи! это все сон! все это сон. Вся жизнь есть сон: проснешься, тогда поймешь, зачем все это путается».

Я узнал голос станового Васильева и... уснул, а утром просыпаюсь, и первое, что меня осенило: зачем же, однако, мне поручили составить эту записку? – мне , который не знает России, который менее всех их живет здесь?

– Позвольте! позвольте! – воскликнул я вдруг, хватив себя за голову. – Да я в уме ли или нет? Что же это такое: я ведь уж не совсем понимаю, например, что в словах Перлова сказано на смех и что взаправду имеет смысл и могло бы стоить внимания?.. Что-то есть такого и иного!.. Позвольте... позвольте! Они (и у меня уже свои мифические они), они свели меня умышленно с ума и... кто же это на смех подвел меня писать записку? Нет! это неспроста... это...

Я вскочил, оделся и побежал к Дергальскому.

ГЛАВА ВОСЕМЬДЕСЯТ ПЕРВАЯ

Застаю его дома, отвожу потихоньку в сторону и секретно спрашиваю: не писал ли когда-нибудь кому-нибудь Фортунатов, чтобы пригласить меня к составлению предварительной записки об учреждении врачебной части в селениях?

– Позвольте, – отвечает, – я сейчас сплявлюсь.

Юркнул куда-то в шкаф, покопошился там, пошелестил бумагами и отвечает:

– Есть! писаль!

И с этим подает мне смятое письмо с рубцом от бечевки, которою была стянута пачка.

Это было письмо Фортунатова к предводителю моего уезда. Касающаяся до меня фраза заключалась в следующем: «Кстати, к вам, по соседству, приехал помещик Орест Ватажков; он человек бывалый за границей и наверно близко знает, как в чужих краях устраивают врачебную часть в селениях. Прихватите-ка и его сюда: дело это непременно надо свалить к черту с плеч».

– Да ведь предводитель, – замечаю, – этого письма не получил?

– Как же…нет, получил.

– Как же получил, когда оно здесь у вас?

– Да, да, да… он, стало быть, не получил.

Я простился и иду домой, и вдруг узнаю из непосредственного своего доклада, что я уже сам путаюсь и сбиваюсь, что я уже полон подозрений, недоверий, что хожу потихоньку осведомляться, кто о чем говорил и писал, что даже сам читаю чужие письма … вообще веду себя скверно, гадко, неблагородно, и имя мне теперь… интриган!

Я встрепенулся и остолбенел на месте. Я испугался этого ужасного, позорного имени, тем более что сам не мог дать себе отчета: слышу ли я это слово вутри себя или… или я даже изловлен в интриганстве и подвергаюсь позорному обличению.

Увы! это было так: глаза мои сказали мне, что я пойман.

Поймал меня тот щуковатый полицеймейстер, которого я видел у губернатора. Черт его знает, откуда он проезжал мимо квартиры злосчастного Дергальского, и по какому праву он, с самой возмутительной фамильярностью, погрозил мне, шутя, пальцем, и в силу чего он счел себя вправе назвать меня интриганом. Фуй, неужто же так чересчур легко запутаться и… даже падать? А ведь, как хотите, неуместная и бессмысленная фамильярность полицеймейстера не что иное, как признак весьма невысокого положения моих фондов. Когда же я их так уронил и чем именно? Это преглупо и предосадно.

Я возвратился домой в самом дурном расположении духа, но только что переступил порог, как сейчас же утешился: у себя я, сверх всякого ожидания, нашел генерала Перлова.

ГЛАВА ВОСЕМЬДЕСЯТ ВТОРАЯ

Старик этот был мне теперь вдвое мил; я рассказал ему все свои недоумения и сюрпризы с такою полною откровенностью, с какою можно

145

рассказывать свои дела только сердечнейшему другу. Он все молчал и сосал янтарь своего черешневого чубука, изредка лишь отзываясь самыми короткими, но определительными выражениями. Губернатора назвал «свистуном», губернаторшу обругал нецензурным словом, про Дергальского сказал, что он «балалайка бесструнная», а Фортунатова похвалил: «этот, говорит, в кулаке из яйца цыпленка выведет»; а впрочем, обо всех сказал, что «все они вместе порядочная сволочь», и предлагал их повесить. Предводителя я уж, разумеется, не коснулся, но о полицеймейстере рассказал, как он нагло сейчас со мною расфамильярничался.

– Гвардейская привычка-с, – отвечает генерал. – Я их, этих господ, знаю: был и со мной такой случай, что их братия пробовали со мной фамильярничать, да ведь мне в кашу не плюнешь. Я еще тогда в маленьком чине служил. Мы не поладили как-то за картами. Мне денщик их говорит: «Не ходите, говорит, к нам больше, ваше благородие, а то наши господа хотят вас бить». Я ему дал на водку и прихожу, и спрашиваю: «Правда ли, господа, будто вы хотите меня бить?» – «Правда», а их осьмеро, а я один. «Ну, как же вы меня будете бить, когда вас осьмеро, а я один?» – «А вот как», – отвечает сам хозяин да прямо меня по щеке. Я очень спокойно говорю: «Я этому, господа, не верю». Он второй раз. Я опять говорю: «Не верю». Он в третий; ну, тогда я взял его за ноги, взмахнул, да и начал им же самим действовать, и всех их переколотил, и взял из-под скамьи помойный таз, облил их, да и ушел.

– Вы очень сильны.

– Нет, пудов двенадцать, я больше теперь не подниму, а был силен: два француза меня, безоружного, хотели в плен отвести, так я их за вихры взял, лоб об лоб толкнул и бросил – больше уже не вставали. Да русский человек ведь вообще, если его лекарствами не портить, так он очень силен.

«Ах, – думаю, – вот эта речь мне очень на руку», и спрашиваю: лечился ли он сам когда-нибудь.

– Как же-с, – отвечает. – Я в медицину верю, даже одного лекаря раз выпорол за ошибку, но я ведь женатый человек, так для женского спокойствия, когда нездоровится, постоянно лечусь, но только гомеопатией и в ослабленных приемах.

– Их приемы-то и вообще, мол, уж ослаблены.

– Ну все-таки, знаете, я нахожу, что еще сильно… все-таки лекарство, и внутрь пускать его нехорошо; а я, как принесу из гомеопатической аптеки скляночку, у себя ее на окно за занавеску ставлю, оно там и стоит: этак и жена спокойна, и я выздоравливаю. Вот вы бы этот способ для народа порекомендовали, – это уж самое безвредное. Ей-богу!.. Ах да, и кстати: записку-то свою бросьте: дворяне уж съезжаются, и они все будут против этого, потому что предводитель хочет. Вот и опишите: губернатор не хочет, предводитель хочет, дворянство не хочет потому, что предводитель хочет, а предводитель хочет потому, что губернатор не хочет... Вот опишите это, и будет вам лучшая повесть нашего времени, и отдадут вас за нее под суд, а суд оправдает, и тогда публика книжку раскупит. Впрочем, я предложу Калатузову, не хочет ли, я сам опишу все это в виде романа. Не умею, да ничего. Гарибальди пишет, и тоже довольно скверно. А теперь поедемте, я обещал вас привезти познакомить к четырем дворянам... Отличные ребята, да вы ведь и должны им сделать визит, как приезжий.

Я поехал и был с его превосходительством не у четырех, а у шести «отличных ребят», которые, как в одно слово, ругали предводителя и научали меня стоять на том, что при таких повсеместных разладицах ничего предпринимать нельзя и надо все бросить.

– Это всё мои молодцы , – пояснял мне генерал, когда мы ехали с ним домой. – Это всё антипредводительская партия, и вы уж теперь к предводительским не ездите, а то будет худо.

ГЛАВА ВОСЕМЬДЕСЯТ ТРЕТЬЯ

С этой поры я, милостивые государи, увидел себя не только помешанным, но даже в силках, от которых так долго и ревностно отбивался. И пребывал я совсем отуманенный на заседаниях, на обедах, даваемых, по здешнему выражению, с «генералом Перловым»; был приглашаем «на генерала Перлова» и утром, и вечером я слушал, как он жестоко казнил все и всех. Сам я больше молчал и отзывался на все только изредка, но представьте же себе, что при всем этом... меня из губернии выслали. Что, как и почему? ничего этого не знаю, но приехал полицеймейстер и попросил меня уехать. Ходил я за объяснениями к губернатору – не принял; ходил к Фортунатову – на нервы жалуется и говорит: «Ничего я, братец, не знаю», ходил к Перлову – тот говорит: «Повесить бы их всех и больше ничего, но вы, говорит, погодите: я с Калатузовым поладил и роман ему сочинять буду, там у меня все будет описано».

Навестил в последний вечер станового Васильева в сумасшедшем доме. Он спокоен как нельзя более.

– Как же, – говорю, – вы это все сносите?

– А что ж? – отвечает, – тут прекрасно, и, знаете ли, я здесь даже совершенно успокоился насчет многого.

– Определились?

– Совершенно определился. Я христианство как религию теперь совсем отвергаю. Мне в этом очень много помог здешний прокурор; он нас навещает и дает мне «Revue Spirite[24]». Я проникся этим учением и, усвоив его, могу оставаться членом какой угодно церкви; перед судом спиритизма религиозные различия – это не более как «обычаи известной гостиной», не более. А ведь в чужом доме надо же вести себя так, как там принято. Внутренних моих убеждений, истинной моей веры я не обязан предъявлять и осуждать за иноверство тоже нужды не имею. У спиритов это очень ясно; у них, впрочем, все ясно: виноватых нет, но не абсолютно. Преступление воли карается, но кара не вечна; она смягчается по мере заслуг и смывает преступления воли. Я очень рад, что мне назначили этот экзамен здесь.

– Будто, – говорю, – ваше спокойствие нимало не страдает даже от здешнего общества?

– Я этого не сказал, мое ... Что мое , то, может быть, немножко и страдает, но ведь это кратковременно, и потом все это плоды нашей цивилизации (вы ведь, конечно, знаете, что увеличение числа помешанных находится в известном отношении к цивилизации: мужиков сумасшедших почти совсем нет), а зато я , сам я (Васильев просиял радостью), я спокоен как нельзя более и... вы знаете оду Державина «Бессмертие души» ?

– Наизусть, – отвечаю, – не помню.

– Там есть такие стихи:

> От бесконечной единицы,
> В ком всех существ вратится круг,
> Какие б ни текли частицы,
> Все живы, вечны, вечен дух!

Бесконечная единица и ее частицы, в ней же вращающиеся... вы это понимаете?

– Интересуюсь, – говорю, – знать от вас, как вы это понимаете?

– А это очень ясно, – отвечал с беспредельным счастием на лице Васильев. – Частицы здесь и в других областях; они тут и там испытываются и совершенствуются и, когда освобождаются, входят снова

---

[24] "Спиритическое обозрение" (франц.)

в состав единицы и потом, снова развиваясь, текут... Вам, я вижу, это непонятно? Мы с прокурором вчера выразили это чертежами.

Васильев вынул из больничного халата бумажку, на которой были начерчены один в другом три круга, начинающиеся на одной черте и затушеванные снизу на равное пространство.

– Видите: все, что темное, – это сон жизни, или теперешнее наше существование, а все свободное течение – это настоящее бытие, без кожаной ризы, в которой мы здесь спеленуты. Тело душевное бросается в затушеванной площади, а тело духовное, о котором говорит апостол Павел, течет в сиянии миров. После каждого пробуждения кругозор все шире, видение все полнее, любовь многообъемлющее, прощение неограниченнее... Какое блаженство! И... зато вы видите: преграды всё возвышаются к его достижению. Вы знаете, отчего у русских так много прославленных святых и тьмы тем не прославленных? Это все оттого, что здесь еще недавно было так страшно жить, оттого, что земная жизнь здесь для благородного духа легко и скоро теряет всякую цену. Впрочем, в этом отношении у нас и теперь еще довольно благоприятно. Да, да, Россия в экзаменационном отношении, конечно, и теперь еще, вообще, наилучшее отделение: здесь человек, как золото, выгорал от несправедливости; но вот нам делается знакомо правосудие, расширяется у нас мало-помалу свобода мысли, вообще становится несколько легче, и я боюсь, не станут ли и здесь люди верить, что тут их настоящая жизнь, а не... то, что здесь есть на самом деле...

– То есть?

– То есть исправительный карцер при сумасшедшем доме, в который нас сажают для обуздывания нашей злой воли.

«Прощай, – думаю, – мудрец в сумасшедшем доме», и с этим пожелал ему счастия и уехал.

ГЛАВА ВОСЕМЬДЕСЯТ ЧЕТВЕРТАЯ

Через сутки я был уже в Москве, а на третий день, усаживаясь в вагон петербургской дороги, очутился нос к носу с моим уездным знакомцем и решительным посредником Готовцевым.

– Батюшка мой? Вас ли я вижу? – восклицает он, окидывая меня величественным взглядом.

Я говорю, что, с своей стороны, могу более подивиться, он ли это?

149

– Отчего же?

– Да оттого, что вы так недавно были заняты службой.

– Полноте, бога ради; я уж совсем там не служу; меня они , бездельники, ведь под суд отдали.

– За школы?

– Представьте, да , за школы. Прежде воспользовались ими и получили благодарность за устройство, а потом... Подлец, батюшка, ваш Фортунатов! Губернатор человек нерешительный, но он благороднее: он вспомнил меня и сказал: «Надо бы и Готовцева к чему-нибудь представить». А бездельник Фортунатов: «Представить бы, говорит, его к ордену бешеной собаки !» Ну не скот ли и не циник ли? Пошел доказывать, что меня надо... подобрать... а губернатор без решимости... он сейчас и согласен, и меня не только не наградили, а остановили на половине дела; а тут еще земство начинает действовать и тоже взялось за меня, и вот я под судом и еду в Петербург в министерство, чтоб искать опоры; и... буду там служить, но уж это чертово земство пропеку-с! Да-с, пропеку. Вы как?

– Со мной, – хвалюсь, – поступили тоже не хуже, чем с вами, довольно решительно, – и рассказываю ему, как меня выслали.

Готовцев сатирически улыбнулся.

– И вы, – говорит, – этакую всякую меру считаете «довольно решительною»?

– А вы нет?

– Еще бы! Я бы вас за это не выслал, а к Макару телят гонять послал.

– Но за что же-с? позвольте узнать.

– А-а! не участвуйте в комплотах. Я вам признаюсь, ведь все ваше поведение для меня было всегда очень подозрительно; я и сам думал, что вы за господин такой, что ко всем ездите и всех просите: «посоветуйте мне, бога ради», да все твердите: «народ, села, села, народ»... Эй, вы, вы!.. – продолжал он, взглядывая на меня проницательно и грозя мне пальцем пред самым носом. – Губернатора вы могли надуть, но уж меня-то вы не надули: я сразу понял, что в вашем поведении что-то есть, и (добавил он в другом тоне) вы если проиграли вашу нынешнюю ставку, то проиграли единственно чрез свою нерешительность. Почему вы мне прямо не высказались?

– В чем-с, милостивый государь, в чем?

– Конституционалист вы или радикал? Выскажитесь вы, и я бы вам рискнул высказаться, что я сам готов сюда Гамбетту, да-с, да-с, не Дерби, как этот губернатор желает, а прямо Рошфора сюда и непримиримого Гамбетту сюда вытребовать... Я самый решительный человек в России!

— Нет, позвольте уж вас перебить: если на то пошло, так я знаю человека, который гораздо решительнее вас.

— Это кто?

— Генерал Перлов; он прямо говорит, что если б его воля, то он всю Европу бы перепорол, а всех нас перевешал бы.

— Да... но вы забываете, что ведь между нами с Перловым лежит бездна: он всех хочет перевешать, а я ведь против смертной казни, и, в случае чего-нибудь, я бы первых таких господ самих перевешал, — отвечал, отворачиваясь, Готовцев.

ГЛАВА ВОСЕМЬДЕСЯТ ПЯТАЯ

Живу затем я целое лето в Петербурге и жду денег из деревни. Скука страшная: жара, духота; Излер и Берг, Альфонсины и Финеты, танцы в панталонах, но без увлечения, и танцы с увлечением, но без панталон, порицание сильных и преклонение пред ними, задор и бессилие, кичливость знаниями и литература, получившая наименование «орудия невежества»... Нет, нет, эта страна, может быть, и действительно очень хорошее «экзаменационное отделение», но... я слишком слабо приготовлен: мне нужно что-нибудь полегче, пооднообразнее , поспокойнее. А пока, даст Бог, можно будет уехать за границу; вспомнилось мне, что я художник, и взялся сделать вытравкой портрет Дмитрия Петровича Журавского – человека, как известно, всю свою жизнь положившего на то, чтоб облегчить тяжелую долю крестьян и собиравшего гроши своего заработка на их выкуп... Как хотите, характер первой величины, – как его не передать потомству? Сделал доску и понес ее в редакцию одного иллюстрированного издания. «Дарю, мол, вам ее, – печатайте».

Благодарят: говорят, что им этого не надо: это-де не интересно .

— Помилуйте, — убеждаю их, — ведь это человек большой воли, человек дела, а не фарсов, и притом человек, делавший благое дело в сороковых годах, когда почти не было никаких средств ничего путного делать.

— А его, — спрашивают, — повесили или не повесили?

— Нет, не повесили.

— И он из тюрьмы не убежал?

— Он и в тюрьме-то вовсе не был: он действовал законно.

— Ну, так уж это, — отвечают, — даже и совсем не интересно.

151

Отхожу и, как герой «Сентиментального путешествия» Стерна, говорю:

— Нет, это положительно лучше во Франции, потому что там даже наших веневских баб, Авдотью и Марью, и тех увековечили и по сю пору шоколад с их изображением продают.

И вот-с дела мои идут скверно: имение не продается, и я даже зазимовал в Петербурге.

ГЛАВА ВОСЕМЬДЕСЯТ ШЕСТАЯ

О Рождестве меня навещает Фортунатов: радостный-прерадостный, веселый-превеселый.

— На три дня, — говорит, — всего приехал, и то тебя разыскал.

Пошли рассказы: губернатора уже нет.

— Он очень мне надокучил, — говорит Фортунатов, — и, наконец, я его давнул в затылок, так что ему сразу больничку в губы продернули. Полетел, сердечный, кверху тормашками! Теперь посмотрю, каков будет новый. Только уж мне все равно: я по земству служу. Теперь в открытую играть буду. Генерал Перлов дошел, — говорит, — до обнищания, потому что все еще ходит в клуб спать (так как предводительского зятя опять выбрали старшиною). «Если, — говорит упрямый старик, — войны не будет и роман написать не сумею, то мирюсь с тем, что не миновать мне долговой тюрьмы». Дергальский отставлен и сидит в остроге за возмущение мещан против полицейского десятского, а пристав Васильев выпущен на свободу, питается акридами и медом, поднимался вместе с прокурором на небо по лестнице, которую видел во сне Иаков, и держал там дебаты о беззаконности наказаний, в чем и духи и прокурор пришли к полному соглашению; но как господину прокурору нужно получать жалованье, которое ему дается за обвинения, то он уверен, что о невменяемости с ним говорили или «легкие», или «шаловливые» духи, которых мнение не авторитетно, и потому он спокойно продолжает брать казенное жалованье, говорить о возмутительности вечных наказаний за гробом и подводить людей под возможно тяжкую кару на земле.

На этом, почтенный читатель, можно бы, кажется, и кончить, но надобно еще одно последнее сказанье, чтоб летопись окончилась моя.

ГЛАВА ВОСЕМЬДЕСЯТ СЕДЬМАЯ

Вот в чем-с должно заключаться это последнее сказанье: затянувшаяся беседа наша была внезапно прервана неожиданным появлением дядиного слуги, который пришел известить его, что к нему заезжали два офицера от генерала Постельникова.

Занимавший нас своими рассказами дядя мой так и затрепетал; да, признаюсь вам, что мы и все-то сами себя нехорошо почувствовали. Страшно, знаете, не страшно, а все, как Гоголь говорил, – «трясение ощущается».

Пристали мы к слуге: как это было, какие два офицера приходили и зачем?

– Ничего, – говорит, – не знаю зачем, а только очень сожалели, что не застали, даже за головы хватались: «что мы, говорят, теперь генералу скажем?» и с тем и уехали. Обещали завтра рано заехать, а я, – говорит, – сюда и побежал, чтоб известить.

Добиваемся: не было ли еще чего говорено? Расспрашиваем слугу: не заметил ли он чего особенного в этих гостях?

Лакей поводит глазами и не знает, что сказать, а нам кажется, что он невесть что знает да скрывает от нас.

А мы его так и допрашиваем, так и шпыняем – хуже инквизиторов.

Бедный малый даже с толку сбился и залепетал:

– Да, Господи помилуй: ничего они особенного не говорили, а только один говорит: «Оставим в конверте»; а другой говорит: «Нет, это нехорошо: он прочтет, надумается и откажется. Нет, а мы его сразу, неожиданно накроем!»

Извольте слышать: это называется «ничего особенного»!

Дядя встал на ноги и зашатался: совсем вдруг стал болен и еле держится.

Уговаривали его успокоиться, просили остаться переночевать, – нет, и слушать не хочет.

Человека мы отправили вперед на извозчике, а сами вдвоем пошли пешечком.

Идем молча – слово не вяжется, во рту сухо. Чувствую это я и замечаю, что и дядя мой чувствует то же самое, и говорит:

– У меня, брат, что-то даже во рту сухо.

Я отвечаю, что и у меня тоже.

– Ну, так зайдем, – говорит, – куда-нибудь пропустить… А?

– Что же, пожалуй, – говорю, – зайдем.

153

– То-то; оно это и для храбрости не мешает.

– Да, очень рад, – отвечаю, – зайдем.

– Только возьмем нумерок, чтоб поспокойнее... а то я этих общих комнат терпеть не могу... лакеи всё так в рот и смотрят.

«Понимаю, – думаю себе, – любезнейший дядюшка, все понимаю».

ГЛАВА ВОСЕМЬДЕСЯТ ВОСЬМАЯ

Завернули мы в один из ночных кабачков... заняли комнату и заказали ужин и... насвистались, да так насвистались, что мне стало казаться, что уже мы оба и лыка не вяжем.

И все это дядя!

– Пей, да пей, друг мой, – пристает. – Наше ведь только сегодня, а завтра не наше; да все для храбрости еще да еще...

И стал мой дядя веселый, речистый: пошел вспоминать про Брюллова, как тот, уезжая из России, и платье, и белье, и обувь по сю сторону границы бросил; про Нестора Васильевича Кукольника, про Глинку, про актера Соленика и Ивана Ивановича Панаева, как они раз, на Крестовском, варили такую жженку, что у прислуги от одних паров голова кругом шла; потом про Аполлона Григорьева со Львом Меем, как эти оба поэта, по вдохновению, одновременно друг к другу навстречу на Невский выходили, и потом презрительно отозвался про нынешних литераторов и художников, которые пить совсем не умеют.

Тут я что-то возразил, что тогда был век романтизма и поэзии, и были и писатели такого характера, а нынче век гражданских чувств и свободы...

Но только что я это вымолвил, дядя мой так и закипел.

– Ах вы, – говорит, – чухонцы этакие: и вы смеете романтиков не уважать? Какие такие у вас гражданские чувства? Откуда вам свобода возьмется? Да вам и вольности ваши дворянские Дмитрий Васильевич Волков писал, запертый на замок вместе с датским кобелем, а вам это любо? Ну, так вот за то же вам кукиш будет под нос из всех этих вольностей: людишек у вас, это, отобрали... Что, ведь отобрали?

– Ну и что ж такое: мы очень рады.

– Ну, а теперь в рекруты пойдете.

– И пойдем-с, и гордимся тем, что это начинается с нашего времени.

Но тут дядя вдруг начал жестоко глумиться надо всем нашим временем и пошел, милостивые государи, что же доказывать, – что нет, говорит, у вас на Руси ни аристократов, ни демократов, ни патриотов, ни изменников, а есть только одна деревенская попадья.

Согласитесь, что это бог знает что за странный вывод, и с моей стороны весьма простительно было сказать, что я его даже не понимаю и думаю, что и сам-то он себя не понимает и говорит это единственно по поводу рюмки желудочной водки, стакана английского пива да бутылки французского шампанского. Но представьте же себе, что ведь нет-с: он еще пошел со мной спорить и отстаивать свое обидное сравнение всего нашего общества с деревенскою попадьею, и на каком же основании-с? Это даже любопытно.

– Ты гляди, – говорит, – когда деревенская попадья в церковь придет, она не стоит, как все люди, а все туда-сюда егозит, ерзает да наперед лезет, а скажет ей добрый человек: «чего ты, шальная, егозишь в Божьем храме? молись потихонечку», так она еще обижается и обругает: «ишь, дурак, мол, какой выдумал: какой это Божий храм – это наша с батюшкой церковь». И у вас, – говорит, – уж нет ничего Божьего, а все только «ваше с батюшкой», – И зато, – говорит, – все, чем вы расхвастались, можно у вас назад отнять: одних крестьян назад не закрепят, а вас, либералов, всех можно, как слесаршу Пошлепкину и унтер-офицерскую жену, на улице выпороть и доложить ревизору, что вы сами себя выпороли... и сойдет, как на собаке присохнет, лучше чем встарь присыхало; а уж меня не выпорут.

Но тут я, милостивые государи, оказался совершенно слабым и помню только, что дядя как будто подсовывал мне под голову подушку, а сам, весь красненький, бурчал:

– Нет-с: слуга покорный, а уж я удеру, и вам меня пороть не придется!

На этом месте, однако, для меня уже все кончилось, и я несколько минут видел самого моего дядю деревенскою попадьею и хотел его спросить: зачем это он не молится тихо, а все егозит да ерзает, но это оказалось сверх моих возможностей.

Получил я назад дар слова не скоро, и это случилось таким образом: увидел я себя в полумерке незнакомой комнаты, начал припоминать: «где я, и что это такое?»

Кое-как припомнил вчерашний загул и начинаю думать:

«А хорошо ли это? А что сэр Чаннинг-то пишет? Ну, дядя, уж я вам за то вычитаю канон, что вы меня опоили».

И с этим, знаете, встаю... А где же дядя? А его и след простыл.

Звоню.

Входит лакей.

– Который час? – любопытствую.

– Восьмой-с, – говорит.

– Стало быть, еще не рассвело?

155

– Нет-с, уж это, – говорит, – опять смерклось.

Представьте себе, это я, значит, почти сутки проспал.

Стыдно ужасно пред лакеем! Что же это такое – народу проповедуем о трезвости, а сами…

Достойный пример!

– Дайте, – говорю, – поскорее мне счет.

– Да счет, – отвечает, – еще вчера-с этот господин заплатили.

– Какой господин?

– А что с вами-то был.

– Да он где же теперь?

– А они, – говорит, – еще вчера ушли-с. Заплатили-с, спросили бумаги, что-то тут вам написали и ушли.

– Скорей давайте мне огня и эту бумагу.

Человек исполнил мою просьбу и я, поддерживая одною рукою больную голову, а другою лист серой бумаги, прочел:

«Не сердись, что я тебя подпоил. Дело опасное. Я не хочу, чтобы и тебе что-нибудь досталось, а это неминуемо, если ты будешь знать, где я. Пожалуйста, иди ко мне на квартиру и жди от меня известий».

Можете себе представить этакой сюрприз, да еще на больную голову!

ГЛАВА ВОСЕМЬДЕСЯТ ДЕВЯТАЯ

Прихожу я на дядину квартиру, – все в порядке, но человек в большом затруднении, что дядя не ночевал дома и до сих пор его нет.

– А два офицера, – это, – любопытствую, – не приходили?

– Как же-с, – говорит, – приходили: они и утром два раза приходили, и в пять часов вечера были, и сейчас опять только вышли, и снова обещали часов в одиннадцать быть.

– Тьфу ты, что за пропасть такая!

С досады и с немочи вчерашнего кутежа я ткнулся в мягкий диван и ну спать… и спал, спал, спал, перевидав во сне живыми всех покойников, и Нестора Кукольника, и Глинку, и Григорьева, и Панаева, и целую Русь деревенских попадей, и – вдруг слышу: дзынь-дзынь, брязь-брязь…

– Встаньте-с, – говорит мне дядин слуга, – отбою ведь нет, – вот уже и нынче третий раз приходят. «Дядюшки, говорят, нет, так хоть племянника побуди».

– Вот те и раз! Господи, да я-то им на что?

– А уж не могу доложить, но только спросили, сочинитель вы или нет?

– Ну, а ты же, мол, что ответил?

– Я так, – говорит, – и ответил, что вы сочинитель, и вот они вас ждут.

– Отцы мои небесные! да что же это за наказание такое? – вопросил я, возведя глаза мои к милосердному небу. – Ко мне-то что же за дело? Я-то что же такое сочинил?.. Меня только всю мою жизнь ругают и уже давно доказали и мою отсталость, и неспособность, и даже мою литературную… бесчестность… Да, так, так: нечего конфузиться – именно бесчестность. Гриша, – говорю, – голубчик мой: поищи там на полках хороших газет, где меня ругают, вынеси этим господам и скажи, что они не туда попали.

Лакей Гриша с малороссийской флегмою направился к полкам, а я уже было хотел уползти и удрать черным ходом, как вдруг эти-то канальские черные двери приотворились и из-за них высунулась белокурая головка с усиками, и нежный голосок самою музыкальною нотою прозвенел:

– Excusez-moi, je ne suis pas venu[25]… с того хода, где следовало, но нам так долго не удавалось к вам проникнуть…

– Ничего-с, – отвечаю, – сделайте милость, не извиняйтесь.

– Нет, не извиняться нельзя, но знаете… как быть: служба… и не рад, да готов.

– Конечно, – говорю, – конечно. Чем, однако, прикажете служить?

– Вот мой товарищ, – позвольте вам представить, поручик, – он тут назвал какую-то фамилию и вытянул из-за себя здорового купидона с красным лицом и русыми котелками на висках.

Я поклонился отрекомендованному мне гостю, который при этом поправил ус и портупею и положительно крякнул, как бы заявил этим, что он человек не робкого десятка.

«Да мне-то, – думаю, – что такое до вас? По мне, вы какие ни будьте, я вас и знать не хочу», и сейчас же сам крякнул и объявил им, что я здесь, не хозяин и что хозяина самого, дяди моего, нету дома.

– Как же это так? Вы нам скажите, пожалуйста, где он? Vous n'y perdrez rien[26], между тем как нам это очень нужно, – говорил, семеня, юнейший гость мой, меж тем как старейший строго молчал, опираясь на стол рукою в белой замшевой перчатке.

– Нет, вы, бога ради, скажите, где ваш дядюшка? мы его разыщем, – приставал младший.

– Решительно, – говорю, – не знаю; что хотите – не знаю. Сам даже этим интересуюсь, но все тщетно.

– Это изумительно.

---

[25] Извините, что я не вошел (франц.).

[26] Вы ничего не потеряете (франц.).

– А однако это так.

– Ну, в таком разе позвольте за вас взяться.

Я смешался.

– Что? что такое? как за меня взяться?

– А вот вы сейчас с этим познакомитесь, – отвечал гость, вытаскивая из кармана и предлагая мне конверт с большою печатью.

– Прошу, – говорит, – вскрыть.

Нечего делать: принимаю трепещущими руками этот конверт; вскрываю его; вытаскиваю оттуда лист веленевой бумаги, на котором картиннейшим писарским почерком написано… «К ней». Да-с: ни более ни менее как стихотворение, озаглавленное «К ней».

ГЛАВА ДЕВЯНОСТАЯ

Протер глаза, еще раз взглянул – все то же самое, и вверху надпись «К ней»…

Я обиделся и рассердился и, не соображая уже никаких последствий, спросил с досадою: «Это еще что такое?»

– А это, – отвечает мне младший из моих гостей, – на сих днях в балете бенефис одной танцовщицы, которая… с ней очень многие важные лица знакомы, потому что она не только танцует, но… elle visite les pauvres[27] и…

– Но, позвольте, – возражаю, – что же мне до нее за дело?

– Совершенно верно, совершенно верно: вам нет до нее никакого дела, и она ни для кого никакого прямого значения не имеет, но… les jeunes gens font foule chez elle[28]… и стараются услугами… совершенно невинными… невинными ей услугами доставить удовольствие одному… очень, очень почтенному и влиятельному лицу. Он человек уже, конечно, не первой молодости, и в эти годы, знаете, женщина для человека много значит и легко приобретает над ним влияние. Согласитесь, что все это верно?

– Отлично-с, – говорю, – но что же мне до этого за дело?

Гость обиделся.

– Я, – говорит, – и не настаиваю, что вам есть до этого дело, но я прошу у вас помощи и совета.

---

[27] Она посещает бедных (франц.).

[28] Молодые люди толпятся у нее (франц.)

– А, это, мол, другое совсем дело, – и, успокоенный, прошу гостей садиться.

Офицеры поблагодарили, присели и младший опять начал.

– Генерал Постельников, именем которого мы решились действовать, совсем об этом не знает. Да-с: он нас сюда не посылал, это мы сами, потому что, встретив в списках фамилию вашего дядюшки и зная, что ваша семья такая литературная...

Ну, уж тут я, видя, что мой гость затрудняется и не знает, как ему выпутаться, не стал ему помогать никакими возражениями, а предоставил все собственному его уму и красноречию – пусть, мол, как знает, не спеша, изъяснится. Он, бедняк, и изъяснялся, и попотел-таки, попотел, пока одолел мою беспонятливость, и зато во всех подробностях открылся, что он желает быть замеченным генералом Постельниковым и потому хочет преподнести его танцовщице букет и стихи, но что стихи у него вышли очень плохи и он просит их поправить.

«Так вот, – думаю, – чем весь этот переполох объясняется! Бедный мой дядя: за что ты гибнешь?» И с этим я вдруг расхрабрился, кричу: «человек, чаю нам!»

– Господа, прошу вас закурить сигары, а я сейчас... – и действительно я в ту же минуту присел и поправил, и даже уж сам не знаю, как поправил, офицерское стихотворение «К ней» и пожелал автору понравиться балетной фее и ее покровителю.

– Ах да! я ценю вашу дружбу, – отвечал со вздохом мой гость, – ценю и ваше доброе желание, но наш генерал, каш бедный добрый генерал... он теперь в таком положении, что il s'emeut d'un rien[29], и нельзя поручиться, в каком состоянии он будет в этот момент.

Я полюбопытствовал, что же такое отравляет драгоценное спокойствие генерала Постельникова.

– Ах, это то же самое-с, я думаю, что отравляет нынче спокойствие многих и многих людей в нашем отечестве... Это, в самом деле, иначе даже не может и быть для истинных европейцев: я молод, я еще, можно сказать, незначителен и не чувствую всего этого так близко. Но... но и я... je déplore les maux de ma patrie[30]. Но он, наш генерал, он, который помнит все это в ином виде, когда эта «дурная болезнь», как мы это называем, еще робко кралась в Россию под контрабандными знаменами Герцена, но Герцен, помилуйте... Герцена только забили; он был заеден средою и стал резок, но он все-таки был человек просвещенный и остроумный, –

---

[29] Его волнуют пустяки (франц.).
[30] Я оплакиваю несчастья моей родины (франц.).

возьмите хоть одни его клички «трехполенный», трехполенный, ведь это все острота ума, а теперь…

«Господи! что, – думаю, – за несчастье: еще какой такой Филимон угрожает моей робкой родине?» Но оказывается, что этот новый злополучный Филимон этого нового, столь прекрасного и либерального времени есть разыскиваемый в зародыше Русский дух , или, на бонтонном языке современного бонтона, «дурная болезнь» нашего времени, для запугивания которого ее соединяют в одну семью со всеми семью язвами Египта.

– Трудное же, – говорю, – господа, вам дело досталось – ловить русский дух.

– Чрезвычайно трудное-с: еще ни одно наше поколение ничего подобного не одолевало, но зато-с мы и только мы, первые, с сознанием можем сказать, что мы уже не прежние вздорные незабудки, а мы – сила, мы оппозиция, мы идем против невежества массы и, по теории Дарвина, будем до истощения сил бороться за свое существование. Quoi qu'il arrive[31], а мы до новолуния дадим генеральное сражение этому русскому духу.

– Да было бы, – говорю, – еще где его искать?

– О, не беспокойтесь: он такого свойства, что сам скажется! Теперь его очень хорошо все понемножку издали по носу, да по носу! это очень тонкая тактика! Он этого долго не стерпит, наконец, и откуда-нибудь брызнет и запахнет. J'espére, que moitié de force, moitié de gré[32] мы скоро заставим его высказаться, и тогда вы увидите, что всеобщее мнение о бесполезности нашего учреждения есть черная клевета. Благодарю вас, что поправили мне стихи. Прощайте… Если что-нибудь будет нужно… пожалуйста: я всегда готов к вашим услугам… что вы смотрите на моего товарища? – не беспокойтесь, он немец и ничего не понимает ни по-французски, ни по-русски: я его беру с собою для того только, чтобы не быть одному, потому что, знаете, про наших немножко нехорошая слава прошла из-за одного человека, но, впрочем, и у них тоже, у господ немцев-то, этот Пихлер… Ах, нехорошо-с, нехорошо, очень нехорошо: вперед ручаюсь, его нарочно осудят наши мужики! Ну, да черт их возьми. Поклонитесь вашему дядюшке и скажите ему, что генерал, еще недавно вспоминая о нем, говорил, что он имел случай представлять о его почтенных трудах для этих, как они… госпиталей или больниц и теперь в самых достойных кружках tout le monde révère sa vertu[33].

---

[31] Что бы ни служилось (франц.).

[32] Я надеюсь, что частью силой, частью по доброй воле (франц.).

[33] Все уважают его добродетель (франц.)

ГЛАВА ДЕВЯНОСТО ПЕРВАЯ

С этим мы распростились, но я не мог исполнить поручения моего гостя и передать моему дяде уважения, которым tout le monde почтил sa vertu, потому что дядя мой не появлялся в свое жилище. Оказалось, что с перепугу, что его ловят и преследуют на суровом севере, он ударился удирать на чужбину через наш теплый юг, но здесь с ним тоже случилась маленькая неприятность, не совсем удобная в его почтенные годы: на сих днях я получил уведомление, что его какой-то армейский капитан невзначай выпорол на улице, в Одессе, во время недавних сражений греков с жидами, и добродетельный Орест Маркович Ватажков столь удивился этой странной неожиданности, что, возвратясь выпоротый к себе в номер, благополучно скончался «естественною смертью», оставив на столе билет на пароход, с которым должен был уехать за границу вечером того самого дня, когда пехотный капитан высек его на тротуаре, неподалеку от здания новой судебной палаты.

Впрочем, к гордости всех русских патриотов (если таковые на Руси возможны), я должен сказать, что многострадальный дядя мой, несмотря на все свои западнические симпатии, отошел от сего мира с пламенной любовью к родине и в доставленном мне посмертном письме начертал слабою рукою: «Извини, любезный друг и племянник, что пишу тебе весьма плохо, ибо пишу лежа на животе, так как другой позиции в ожидании смерти приспособить себе не могу, благодаря скорострельному капитану, который жестоко зарядил меня с казенной части. Но находясь в сем положении за жидов и греков, которых не имел чести познать до этого приятного случая, я утешаюсь хоть тем, что умираю выпоротый все-таки самими моими соотчичами и тем кончаю с милой родиной все мои счеты, между тем как тебя соотечественники еще только предали на суд онемеченных и провонявшихся килькой ревельских чухон за недостаток почтения к исключенному за демонстрации против правительства дерптскому немецкому студенту, предсказывавшему, что наша Россия должна разлететься „wie Rauch"[34].»

---

[34] Как дым (нем.)

ГЛАВА ДЕВЯНОСТО ВТОРАЯ

Что же засим? – герой этой, долго утолявшей читателя повести умер, и умер, как жил, среди странных неожиданностей русской жизни, так незаслуженно несущей покор в однообразии, – пора кончить и самую повесть с пожеланием всем ее прочитавшим – силы, терпения и любви к родине, с полным упованием, что пусть, по пословице «велика растет чужая земля своей похвальбой, а наша крепка станет своею хайкою».

www.ingramcontent.com/pod-product-compliance
Lightning Source LLC
Chambersburg PA
CBHW032120020726
47494CB00007BA/2170